JN294758

登る、比良山

―比良山系28山・72コース 湖の山道案内―

登る、比良山

－比良山系28山・72コース 湖の山道案内－

目次

ギンリョウソウ

ベニドウダン

サラサドウダン

オオカメノキ

ホンシャクナゲ

ヤマボウシ

コアジサイ

オカタツナミソウ

イワタバコ

オトギリソウ

ダイモンジソウ

シモツケソウ

フシグロセンノウ

サギソウ

ヤマジノホトトギス

比良山系全図

1：80,000

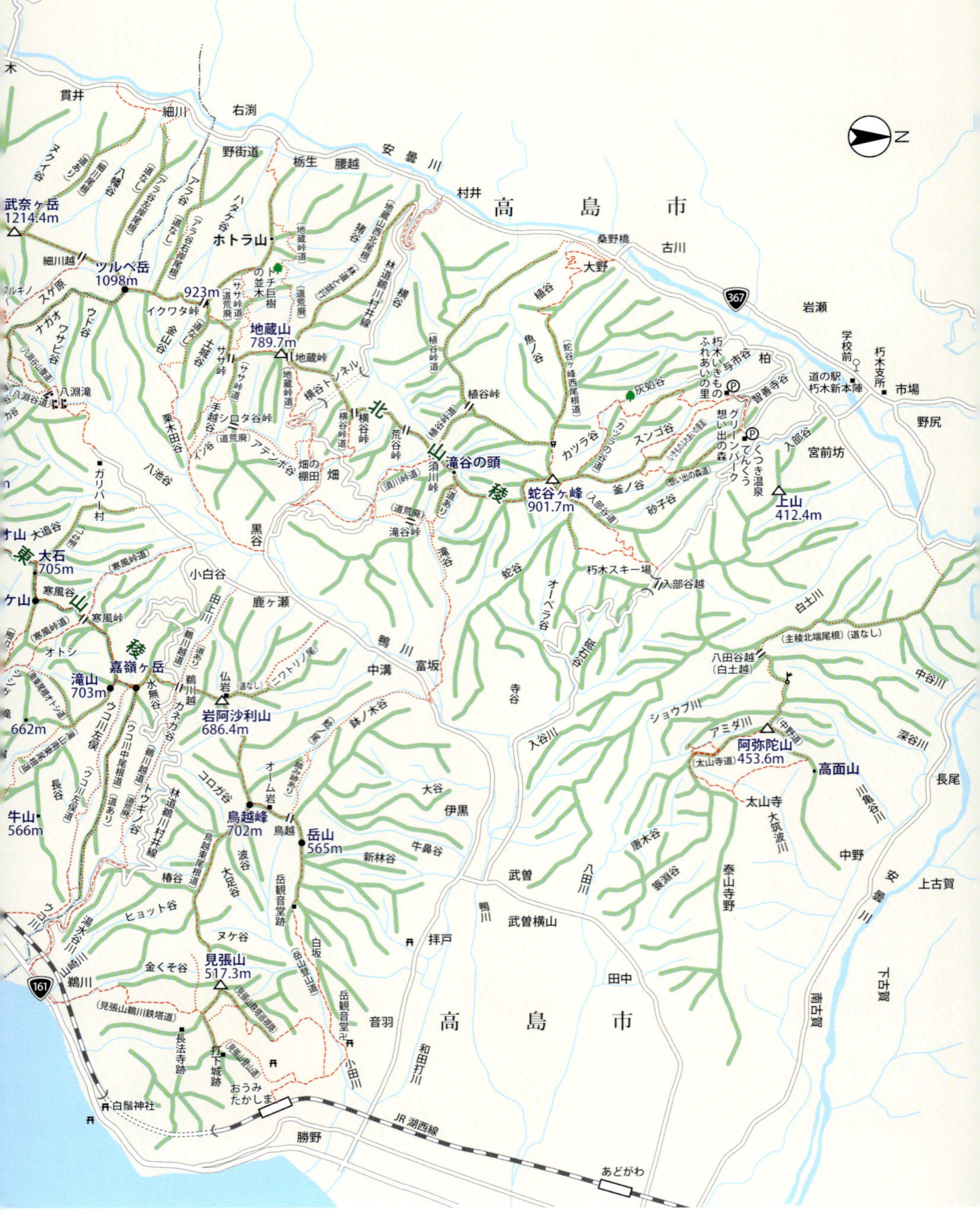

金比羅道水坂の名水

栗原滝谷林道権現山登山道

奥ノ深谷大橋すりばちの水

明王谷林道白滝谷登山口の湧水

打見山寺屋敷天命水

荒川峠道の湧水

比良山再発見

比良山系は南北約二四km、東西は一番狭いところで約四kmほどという小さな連なりである。五万分の一の地形図で見ると「北小松」図幅の東側半分ほどにほぼ納まり、山系の北、東、南のわずかな部分が「熊川」、「彦根西部」、「京都東北部」の各図幅にはみ出している。山系は湾曲したY字の形をなして南北に細長く連なり、このY字の下のタテ棒部分を南山稜、右上部分を東山稜、左上部分を北山稜と区分けしている。

比良といえば、花崗岩の白い岩やガレをまとい、標高八〇mほどの琵琶湖岸から一〇〇〇mあまりの山頂まで一気に突き上げる、そのアルペン的な姿を思い浮かべる。比良の山は山系と並行して東西両側に断層が走り、東西の圧縮によって隆起した後、浸食を受けて現在の姿になったといい、山系東面の花崗岩地質の風化、浸食によって琵琶湖畔の白砂青松の美しい風景を生み出してきた。一方、山系の西側の多くは黒っぽい堆積岩と花崗岩の貫入を受けた変成岩帯となっているが、そんな地質の違いは比良を歩くうちに実感することだろう。

この比良山系は、多くの登山者に四季を通じて親しまれてきた。人気の要因

奥ノ深谷南比良峠道のブナ

比良岳南面中ユリ分岐のブナ

地蔵峠道のトチ

蛇谷ヶ峰カツラの谷のカツラ

といえばまず交通の便がいいことが上げられる。そしてコンパクトにまとまった山塊でありながら、一〇〇〇mを超える山がいくつかあって登山コースが豊富なこと。また冬は雪にも恵まれるので四季を通じてバラエティにとんだ山が楽しめるなどなど、さまざまに魅力が上げられるが、他の山々と決定的に違うのは、麓に広がる琵琶湖と一体になった景観をもつ個性的な山並みであるということだろう。対岸から琵琶湖越しに眺めるアルペン的な比良の姿や、山上から直下に広がる琵琶湖の眺望は、比良ならではの魅力となっている。

しかし近年、武奈ヶ岳《ぶながたけ》、蛇谷ヶ峰《じゃだにがみね》、蓬莱山《ほうらいさん》といった人気の山ばかりへと偏る傾向が強まり、特に雪山ではその偏りが顕著となっている。それにともない登山コースも山頂へと直結するコースばかりに集中してきて、峠道や谷道コースなど、比良らしい魅力のあるコースがあるのに、あまり歩かれなくなった登山道も増えてきた。

比良に限らず低山の良さは山頂への達成感よりも、山そのものの佇まいや雰囲気にある。比良で言えば多くの人びとが利用してきた峠道などを歩くことによって、山の魅力や楽しさが伝わってくるのではないかと思っている。これは比良を歩くほどに感じてきたことである。本書は比良の登山道のすべてを取り上げているが、過去に多くの人に歩かれていたのに現在はあまり歩かれていない峠道や、登山地図には道の記入もない昔の道などを意識的にピックアップしてみた。埋もれゆく道に再び光りがあたることを願ってのことである。

奥ノ深谷のモミ

キタダカ谷道の天狗杉

奥ノ深谷源流部右岸支流のアシウスギ

コヤマノ岳頂上のブナ

比良の山を歩く

比良山系の資料を辿り再び歩き始める

私が初めて比良山に登ったのが一九六九年十一月の武奈ヶ岳だった。山歩きをするようになってから買った、実業之日本社のブルーガイドシリーズ『関西ベストハイキング』（金久昌業編）を手引きにひとりで山歩きをしていて、この翌年の冬と春に武奈《ぶな》に二度、八雲ヶ原《やくもがはら》、白滝《しらたき》谷などを歩いている。同書の目次の比良連峰の項目には、蓬莱山《ほうらいさん》、武奈ヶ岳、白滝谷、リトル比良、比良連峰縦走の五コースが紹介されているので、これらの山行きもこの本によって導かれたものに間違いない。比良の山々は近くて便利で、手始めの山としては行きやすかったのであろうが、何よりも眼下に琵琶湖が望める湖と山が一体となった風景に魅力を感じたのだった。

その夏には京都の社会人山岳会に入会して例会に毎週参加するようになり、もうガイドブックには頼ることなく山に行くようになっていた。そして例会で何度か行った沢登りの楽しさに魅せられ、水に足をひたして流れを遡る爽快感と渓谷の変幻の美しさに、ぐんぐんと深みへとのめり込んでいくようになった。そのゲレンデとなったのが身近な比良の山々で、五万分の一の地形図「北小松」に登ったルー

トに朱線を入れては、次なるルートを思いを巡らすようになっていった。比良の山といえば沢登りと答えが返るほどこの山とは結びついていた頃で、そんな時にある一冊の本と出合った。

『溪谷』という本である。

『溪谷』は沢登りの遡行資料として、私が現在所属する京都山の会の西尾寿一氏によって編集された、溪谷遡行の記録をまとめた本で、後に全一〇巻の大冊となったが、その中の第一巻に比良の谷が入れられていた。この本を手にした時には比良の谷もほとんど登っていたので、自分でこのような本を作れたらと漠然と思っていた頃に手にした本だった。後に自身でいくつかの地域案内的な山の本を出すようになったのも、この『溪谷』による影響もあるのかも知れない。

そんな当時、入れ込んでいた比良の谷について少しふれてみたい。比良の谷はおおまかに二つの型に分けられ、自分ではそれを横谷、縦谷と表現していた。横谷は稜線へと一直線に延び上がる谷で、比良の谷の多くはこの型で、西面ではヘク谷、サンマイ谷、貫井《ぬくい》谷、八幡《はちまん》谷など、沢登りの谷としてよく通った谷である。東面では地質が違って花崗岩のガレ谷が多くて雰囲気も大きく変わるが、形状的には稜線へと一気に突き上げる横谷で、大谷、神璽《しんじ》谷、正面谷、深谷、大岩谷、中谷、打見《うちみ》谷、金比羅《こんぴら》谷、小女《こじょ》郎《ろう》谷などがある。東面の多くは傾斜は急だが滝の少ないガレ谷で、沢登りの対象となる谷はあまりなかった。冬のラッセルトレーニング用としてこれら東面の谷によく入っていたが、今は堂満岳のルンゼ以外

はほとんど登られていないようだ。

もう一つの縦谷は白滝谷、奥ノ深谷、口ノ深谷、八池谷《やち》などの長くて深く大きな谷で、山脈と直角にある横谷に対して、山脈に平行するように主稜線へと延び上がる谷である。縦谷の特徴は渓谷美を持って大きな滝を落としており、沢登りの谷としても登りごたえのあるスケールの大きなもので、いずれも比良を代表するような名渓だ。

また横谷、縦谷のどちらともつかない形の谷として滝川のシシガ谷や西面のシシ谷、安曇川《あど》の朽木村《くつき》井に流れる横谷などが上げられるだろうか。横谷と縦谷をミックスしたような形で、スケール的には両者の中間となるような谷で、沢登りとしても楽しめる谷が多い。

比良の山は沢登りとの繋がりが大きかったが、東面の天狗岩、堂満《どうまん》南壁などでクライミングやラッセル、アイゼンワークなど、山の総合的トレーニングの場として、同じ近郊の山として親しんだ京都北山とはちょっと違った向き合い方をしていたように思う。しかし一通りの登山コースや大方の谷の遡行が終わり、やがて沢登りや岩登りから遠のくようになると、比良の山との関わりも薄くなり長い空白期間が続くようになったが、近頃また手近な山として通うようになり、比良山を再発見するようになった。

比良の山は登るという行動する面だけで眺めていたのだが、再訪するようになって、比良に関する古いガイドブックや登山地図などを本棚から抜き出してみると、以前と違った眼で見られるようになった。地域案内の本やガイドブック、ガイド地図はその山の歴史を知るうえでも見逃せないものだ。もともと本が好きで以前はよく古書店巡りをし、古いガイドブックを店頭の安売り均一コーナーなどで見かけることがよくあって、そうした本を掘り出すのが楽しみだった。比良山系を紹介した案内書などもこうして集めていったのだが、古いガイドブックなどから現在と比較してみると、一見無機質にも見える登山地図や情報を伝えるだけのガイドブックなどから、登山道の変遷を知ったり埋もれた地名を発見したりと、さまざまに知を得る楽しみがあることを知ったのだった。山を見る視点が変わるというのも、本を読む悦び、楽しさなのであろう。

手元にとどめている比良の案内書や登山地図などの資料をここにあげてみた。

『改訂増補 近畿の山と谷』 住友山岳会　朋文堂　昭和一一年一〇月一日三版発行
『比良連嶺』 角倉太郎　朋文堂　昭和一四年九月一〇日発行
『比良展望』 角倉太郎　京阪電気鉄道株式会社　昭和一七年一月一五日発行
『比良連峰』 森本次男　山と溪谷社　昭和三六年一一月三〇日発行
『比良 研究と案内』 角倉太郎・阿部恒夫　山と溪谷社　昭和四一年四月一日第二版発行
『比良の詩』 山本武人　サンブライト出版部　昭和五二年五月一日発行
『比良－山の自然譜－』 中井一郎　ナカニシヤ出版　昭和五二年一一月二〇日発行
『比良・朽木の山を歩く』 山本武人 山と溪谷社　平成一〇年五月一五日発行
『ヤマケイ関西 京都北山 比良山』 山と溪谷社　平成一四年五月一六日発行
『比良山 湖西の山』 山本武人ほか　山と溪谷社　平成一七年七月発行
『溪谷 1』 西尾寿一編集兼発行　昭和四八年一〇月二〇日発行
『比良の父・角倉太郎』 ナカニシヤ出版　平成九年二月一七日発行
『比良連山 京都北山』 角倉太郎　日地出版　昭和四四年六月発行
『比良山系』 中井一郎　昭文社　昭和四四年八月発行

『比良山系』　中井一郎　昭文社　昭和四九年発行
『比良山系』　中井一郎　昭文社　昭和五一年発行
『比良山系』　田中亘　昭文社　平成一一年発行
『比良山系』　井上茂　昭文社　平成二二年発行

比良山系をメインにした登山の本で私の持っているのはこんなものである。他には沢登り、ボルダリング、冬山登山が半分以上を占める『比良連峰』城陽山歩会著（岳洋社ワンデルガイド⑦）昭和六二年七月二五日発行や、最近出版された関西の沢登りルートをまとめた『関西起点沢登りルート100』吉岡章著（山と溪谷社）に比良の沢登りルートが七コース紹介されている。

多くの関西の山好きの人たちに親しまれてきた比良山系なのだが、こうして見ると思ったよりも少ないものである。しかしこの山域は五万分の一の地形図「北小松」のほぼ半分くらいの面積しかなく、そんな小さな山域であれば出版される本が少ないというのも当然と言えば当然なのかも知れない。

私が山歩きを始めた頃、ガイドブックのシリーズとして実業之日本社のブルーガイドシリーズと共に山と溪谷社のアルパインガイドシリーズがあった。登山ということについてはアルパインガイドはブルーガイド以上に専門的な案内書であった。比良のガイドとしてこのアルパインガイドシリーズで角倉《すみのくら》

太郎・阿部恒夫共著の『比良 研究と案内』が出ているが、同じシリーズの山口温夫・山口昭共著のアルパインガイド7『鈴鹿の山』（改訂版）（昭和四四年発行）と比べると、同じ近畿の山系でありながら内容的に物足りなく感じていた。比良と鈴鹿では当然、山のボリュームに違いがあるのだが、「研究と案内」とした「案内」面で、山や登山道への掘り下げ方が、『鈴鹿の山』と比べると浅かったように思った。

もっとも『鈴鹿の山』もこの後さらに改訂され読む面白さがなくなってしまっている。この頃以後、ガイドブック（地域案内書）は山頂へと案内するだけのガイドブックとしての偏った役割ばかりに終始して、知を案内して登山者に山の悦びを導くというガイドの柱がなくなり、おしなべてつまらなくなっていったのではないだろうか。以後これがガイドブックの流れとなっている。

昔の地域案内の本を読んでいると、著者の言葉からその山の魅力や山に登る楽しさが感じられ、知らずしらずのうちに山に入り込んでいることに気づかされる。森本次男の『樹林の山旅』や金久昌業の『北山の峠』などの本がそれである。これらの本は案内書という範疇には入らないかも知れないが、私が求めている案内書（ガイドブック）というのはまさにこうした本であった。

比良の地域案内の本といえば比良のパイオニアというべき角倉太郎著の『比良連嶺』がある。角倉さんの文章には森本次男、金久昌業の両氏のように引き込まれるような魔力的な言葉の持ち味

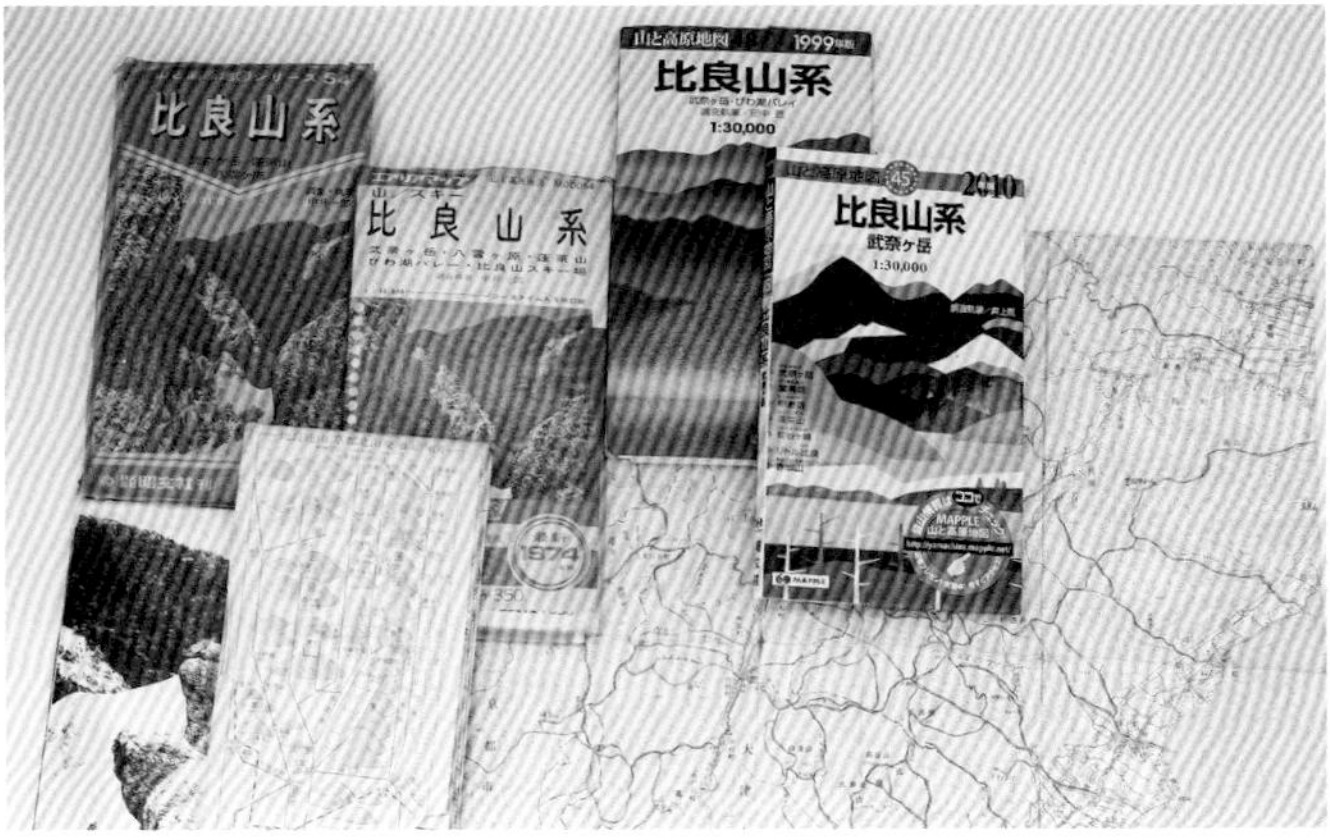

はないが、比良への愛情がにじみ出ていて、比良の山が好きでたまらないという思いに満ちている。そんな比良好きの山男から溢れ出た言葉から生まれた本だと思った。そうした意味では『比良連嶺』は比良の唯一無二の案内書だと思うし、角倉太郎を抜きにしては比良登山の歴史は遡ることはできないだろう。

　比良スキー場が閉鎖されロープウェイ、リフトがなくなって山上は静かになった。ウィークデイに歩いていると一般的なコースでも一日人に出会わないこともまれではなく、登山の山らしくなったといえるのかも知れない。そして今まで見えていなかったこの山の良さを改めて知るようになったのである。

「もう一度比良を歩き直してみよう」と思った。そして歩き始めてすぐ、まず読み直したのが『比良連嶺』であった。この本によって昔の比良の姿を浮かび上がらせ、今の姿と比較してみると比良再訪の火がさらに燃え上がり、山へと向かう足にも加速度が増したのだった。

　それと興味深かったのが昭文社、日地出版の登山者用の地図であった。昭文社の地図は一九六九年版から発行年を違えて五冊も揃えていたのには今更ながらに驚いたのだが、これを机上で辿り、実際に山に行ってコースを辿ることが楽しみとなった。

　古い地図から廃道となった道を探し歩き、実際に昔の道を歩いて古い道標を見つけたり、炭焼き窯の跡がある地形や辺りの風景を眺めていると、昔の人びとの暮らしがおぼろげに浮かび上がってくるの

だった。登山道のほとんどは麓の人びとが田畑の肥料となる木の葉や草を採ったり、石材を切り出したり炭を焼いたりと、仕事道として使っていたものだ。また郡誌、市史などの頁をめくって歴史を遡り今の山と重ね合わせると、昔の人びとの暮らしが覗けて山への興味がさらに深まるのだった。

私はずっと琵琶湖を巡る低い山々を歩き続けている。山頂だけを目指すのではなく、何らかの目的を持って歩き続けてきた。まず二・五万図の地形図を眺めることから始まって、次は実際に山を歩き始めてからさまざまに山に関わっているものに思いを巡らす。地質や地形から生み出された風景があり、植生を知り花を見て、その森に生きる動物と出会う。またそこには麓に生きて山と関わってきたきた人びとの暮らしがある。こうして実際に歩き、そしてそこで見てきた山々と、古い地形図や登山地図、昔のガイドブック、郷土史などから得たものを重ね合わせてみるのである。平面の地形図の実地に歩いたルートに、さまざまな角度から見た山、そしてさらに資料からの知識がプラスされて投影されると、そこには立体となって山が浮かび上がってくるのである。山を深く知れば知るほど思いが重なり、そういった眼で山を歩いていると、この琵琶湖を巡る近江の低い山々の連なりにも、鈴鹿山脈、伊吹山地、野坂山地、比良山地、丹波高原とそれぞれの個性が見えてくる。だからこんな小さな山歩きにもこだわりや愛着が生まれてくるのだろう。

比良という小さな山の連なりも、こうしてさまざまな資料と実際の山歩きとを重ね合わせて見えてきたこの山への愛着から、思いを書き残しておきたい、今の姿を写真に撮って記録しておきたい、という気持ちが強くなった。もっともっと足跡を残したい。ただそれだけだ。

いくつもの思い出を積み重ねること、それが山歩きを続ける最大の動機だと思っている。

比良の四季

3月〜8月

白滝山ニシヤ谷道音羽池付近

上／静寂に包まれた早春の白滝山の音羽池
下／長池から汁谷への鉄塔道は何度か流れを渡る

3月

白滝山

山稜の池を巡って源流に下った。雪の下から融け出した一滴が集まって流れ下る水音が、何とも心地いい。

雪の下から流れ出す水に、動き出してきた季節を感じた。

右／思わず大阪のおばちゃんが思い浮かんだ。ひょう柄が美しいナツツバキの木
左上／大津ワンゲル新道を登ると貫禄ある古木に出会う。目の前に見る雪の堂満岳が良かった
左下／釈迦岳直下の大きなブナ。春はもうそこだ

3月

釈迦岳

下界はもう春。

山稜はまだ斑に雪が覆っていたが、大きなブナの周りは丸く土が出て暖かそう。

柔らかな風がほてった体を冷やしてくれた。もうそこが釈迦岳の頂上。比良らしい風景が広がる好きなところだ。

シャクシコバノ頭付近の堂々たるブナ。枝を広げた頃の姿を見たかった

4月

芽吹く前のブナの林は明るかった。緑、紅葉、雪。さまざまにブナ林の魅力を想像して歩いていた時、目の前に現れたのがこの大きなブナだった。

胴からボキリと折れ何とも痛々しいが、がっしり土を掴んでふんばった、この堂々とした姿が心に残る。

ブナの並ぶ美しい尾根だった。

シャクシコバノ頭

上／田植えが終わった畑の棚田から蛇谷ヶ峰に登った。最も美しい季節だ
下／阿弥陀山の雑木林にぽつんと置かれた石仏

5月

蛇谷ヶ峰
阿弥陀山

田んぼのあぜ道、小さな流れが光る土手、ぽつりと石仏が座る林の道。山麓の集落から里山の林は緑に埋まっていた。なんでもない風景なのに、どこを見ても生命の輝きに溢れていた。

蛇谷ヶ峰カツラの谷の初夏。木の緑と水の流れに何ともいえないやすらぎを感じる

6月

蛇谷ヶ峰

季節はずれの台風が通り過ぎ、山が洗われたようで緑が美しかった。あふれるように流れ下る水に根元を洗われているカツラの巨樹。蕾みが付いたまま落ちている大きなホウの葉。日常とちょっと違う山がすごく新鮮だった。

右／カラ岳付近の雑木林の道。何でもないけど好きな風景だ
左／比良の初夏は花がいっぱい。中でも好きな花のサラサドウダン（上）とヤマボウシ（下）

6月 ヤケ山 釈迦岳 カラ岳

なんの特徴もない緑の山稜の道だったが、萌え出した緑の中に咲く花が美しく、見るたびに立ち止まってはカメラにおさめた。

初夏の比良は花の季節だ。主稜北部の東稜はとりわけドウダンツツジが見事。ベニとサラサの鈴なりに咲く花を見ているだけで、今日は山にきてよかったという気分になった。

上／カラ岳から釈迦岳への稜線にあるブナ。何度通っても
つい立ち止まって見てしまう
下／釈迦岳への旧リフト道を登って行くと、道を埋めるほどに白い花が散り落ちていた

7月 釈迦岳

ガスの中に続く道。ぼわーっと灰色に広がったじっとりと湿った空気が、木々の緑が包んでいた。ブナの古木、道に散り敷く白い花。千変万化する自然の組み合わせは、無限の美を生み出してゆく。

右／差し込む光が美しい正面谷かくれ滝
左／ゴーゴーと水を落とす楊梅ノ滝雄滝

上／枝で午睡を楽しむ？モリアオガエル。
鵜川越にて

8月

嘉嶺ヶ岳
ヤケ山
堂満岳

滝は大きさ、形、水量、落差など、さまざまな姿を眺めているいるだけで楽しいのだが、その時の条件によってさらに姿を変える。それが魅力である。だから飽きない。昔は登る対象だったのだが、もう登るのはいい。今は眺めるだけだ。

比良山系 南部

霊仙山・折立山
権現山・ホッケ山

蓬萊山・打見山

白滝山

烏谷山・比良岳・
摺鉢山

堂満岳

コヤマノ岳・
シャクシコバノ頭

武奈ヶ岳

秋の武奈ヶ岳山頂

霊仙山《りょうせんさん》△七五〇・五m・折立山《おりたてやま》・八一九m

〔地図三〇頁〕

●栗原霊仙登山道　●和邇越（アラキ峠）道・折立山

比良山地には宗教的な山名が付いている山が多い。昔から比良山系では宗教活動が盛んに行われ南都仏教が勢力を広めていたが、後に比叡山麓の坂本に生まれた最澄《さいちょう》によって興された天台宗の勢力拡大により、多くの寺院が建てられ、比良「三千坊」と呼ばれていた。山中、山麓に現在も多くの寺院の地名が伝えられており、霊仙山の山名もその名残のひとつで、山麓には山岳寺院遺跡が確認されている。

江戸期になるとこの霊仙山や折立山（立ゐぼし山）、権現山《ごんげんやま》は栗原村、今宿《いまじゅく》村などの和邇《わに》荘と途中《とちゅう》村、上龍華《かみりゅうげ》村、下龍華《しもりゅうげ》村などの龍華荘と、林野の入会《いりあい》権をめぐって争いの場となっていた。何度も土地の入会をめぐって相論が繰り返されてきたのは、集落の背後の山が、田畑の肥料となる草刈場として立ち入りが認められた、人びとの暮らしを支える大事な場所だったからである。『志賀町史』には比良各地の入会地をめぐる山論が書かれている。和邇、龍華の草刈場相論には、〝権現山と立ゐぼし山の間の道と思われる「和邇越《わにごえ》の道」を限って、権現山側は栗原村、立ゐぼし山側は途中・上龍華・下龍華三か村の入会とされたのであった（畑友行家文書）〟と書かれている。

和邇越というのは現在のアラキ峠のことで、志賀町と大津市の合併以前の地図には、霊仙山頂から北側のコルのズコノバン、そして折立山北側にあるアラキ峠を通って権現山の西側山腹を巻くように旧志賀町と大津市の境界線が複雑に描かれている。この境界線が江戸期の山論の決着として現在に至るもので、昔はこの峠道をめぐってさまざまな攻防が繰り広げられたことだろう。

『比良連嶺』の付図には、栗原から滝谷を登りズコノバンから権現山山腹を巻いてアラキ峠へと破線路が書かれている。この道が古くからの入会地へのメインルートであり、権現山山頂に祀られている峯権現への信仰の道であった。この付図には霊仙山、権現山への道は記されていないが、実際は霊仙山、権現山へも道はあったはずだ。また折立山についても伊香立《いかだち》荘と隣の葛川《かつらがわ》とが激しい山論を繰り返している。木を伐り炭を焼くことで生計を立てていた葛川は、比良荘、木戸荘、朽木《くつき》荘、久多《くた》荘など多くの隣村と山境を巡って争っていたという。

　霊仙山は権現山への登山道となっている栗原の滝谷の道から、途中で分かれて登って行く。滝谷の奥まで車道が入っているので、車での登山者が多い昨今は、奥まで車で入って登る人がほとんどだが、JR湖西線和邇駅から歩いて登るのもいいのではないだろうか。山麓から山を眺めながら歩き、栗原の棚田を縫い集落を抜けて登山にかかるという段階は、一日の登山の始まりを大いに盛り上げてくれるだろう。

　棚田が広がる栗原から見る霊仙山、権現山の眺めは素晴らしいし、部分的にある雑木林の広がる里山林も魅力的だ。比良では最も美しい山麓ではないだろうか。

権現山から見下ろした霊仙山

●栗原霊仙登山道

権現山登山口から左の車道を登って行くと電波中継所があり、細い山道へと変わる。霊仙山は権現山から見ると形が整った円錐状の山で、湖岸からは比良山系が権現山から落ち込む途中に、小さく尖った印象に残る姿が望める。しかしこの山は山系の端にくっついた小さなとんがり帽子にしか見えない。

山全体は自然林と植林地が斑に混じっている。登山道は植林地からやがて雑木林の中の道となる。真っ直ぐに登る登山道はよく踏まれており、問題なく山頂へと導いてくれる。頂上は小さく伐り開かれ、権現山とその北の比良の稜線が望め、眼下に琵琶湖の広がりもよく見えている。ゆっくりと腰を落ち着けたくなる気持ちのいい頂上だった。

権現山へと続く北の稜線は頂上から急激に落ち込んでコルへと下るが、この斜面からの権現山を大きく望む眺望は迫力があった。コルからはゆったりとした登りとなり、美しい雑木林が広がっている。茶褐色の落ち葉が広がる林床はまだ雪がまだらに残っており、差し込む陽光がいっそう明るく感じた。こんな林が続いて右下に滝谷道が見えてきて合流したところがズコノバンである。このズコノバ

栗原から登山口への美しい雑木林の林道

雑木林の中のズコノバン

霊仙山頂上からの権現山、ホッケ山

権現山から霊仙山への道

ンという地名は変わっている。ズコは頭の意味だと思うがバンはどういう意味だろうか。語感からいくと霊仙、権現の間の平らな地という感じである。

霊仙山だけならここから滝谷道を下ることになるが、この山だけでは物足りないので、この稜線通しに権現山へと足を伸ばす人が多い。

▼霊仙山モデルコース

霊仙山は電波中継所からの栗原霊仙登山道を頂上に登って、ズコノバンから権現山へと往復して滝谷道を下るのが、マイカー登山での一般的なコースとなるだろう。栗原から権現山の滝谷道は次の和邇越道と次項の権現山・ホッケ山の「栗原滝谷道」で紹介している。

コースタイム

栗原（0：50）滝谷登山口（0：50）霊仙山（0：30）ズコノバン（0：40）権現山（0：25）ズコノバン（0：30）滝谷登山口（0：40）栗原

●和邇《わに》越（アラキ峠）道・折立《おりたて》山

現在、栗原からの登山道として、登山地図には滝谷からズコノバンを経て権現山に登る道と、電波中継所への車道を経て尾根通しに霊仙山に登る道が実線で印されている。しかし『比良連嶺』の付図にある境界線を辿る和邇越への道は書かれていない。後に出版された角倉太郎著の古い日地出版の登山地図や中井一郎著の昔の昭文社登山地図にもこの道はまったく示されておらず、現在に至っている。

栗原からは電波中継所、霊仙山、ズコノバン、アラキ峠、折立山往復、権現山へと登り滝谷を下るというコースをとると、ズコノバンを交差点として8の字を描いて、同じ道を踏むことなく周辺の山を周回できる。そこでこのズコノバンからの和邇越の道を辿ってみたのだが、滝谷道は霊仙山、権現山へ登る人ばかりで、和邇越の道をアラキ峠へ歩く人はほとんどなく、忘れ去られた道であった。

滝谷の登山口は林道が電波中継所へと登って行く分岐点で、どちらへもまだ車道が続いている。滝谷道へ

ズコノバンからの和邇越道

と入ると林道は切り返しながら登って行くが、このカーブのところに二本のパイプが出て湧水が流れ落ちている。

林道終点に着くと細い山道となり、植林地の斜面をジグザグに登って、小さな支尾根から山腹道へと変わる。深く掘り込まれた道が続いており、昔から歩かれて来たということがよく分かる道だ。左の霊仙山から下りてくる稜線のコルへと出るところがズコノバンと呼ばれている。緩やかな斜面が広がる雑木林と植林地のコルで、雑木林の中は明るく陽が差し込んで実に気持ちのいいところである。地元和邇に住む比良雪稜会の西村高行氏によると、以前はもっと草が生えていたというが、現在は何ともすっきりとした落ち葉の林床である。シカが増えたためだろうか。

ここからアラキ峠へは道標も何もない。植林の中を抜け権現山南斜面の山腹に予想通り道が続いていた。美しい自然林の中に眺望が開けた明るい道だった。権現谷の源流部を渡って回り込むところが二箇所崩れているが、あとは感じの良い道が残っており、問題なくアラキ峠へと出ることができた。

峠から折立山までは植林地と雑木林の間の踏み跡を一〇分ほど登ると頂上に着く。雑木林の間からは権現山を見上げられた。

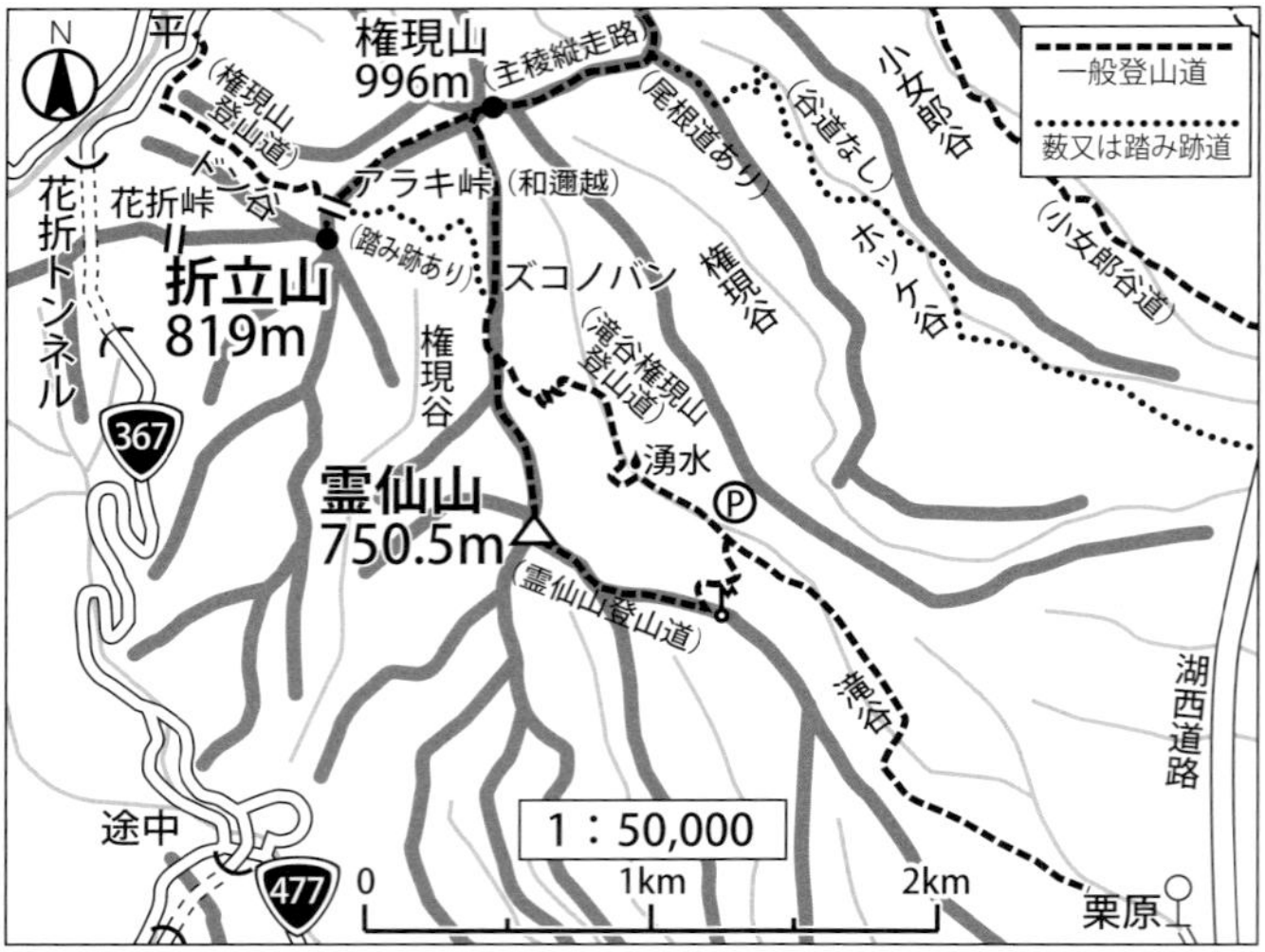

権現山《ごんげんやま》・九九六m・ホッケ山《やま》約一〇五〇m

●平からの南山稜縦走路 ●栗原滝谷道 ●ホッケ谷道

〔地図三五頁〕

権現・ホッケの二山は比良南端に近い山だが、一〇〇〇mほどの高度を保つ堂々とした山容をしている。権現山からはさらに稜線が延びて霊仙山を突き出してから途中、龍華《りゅうげ》、栗原へと落ちているのだが、琵琶湖岸から見ていると霊仙山《りょうせんさん》はほんの付録のような突起で、権現山をもって比良山系は終わっていると言ってもいいような姿である。

権現山の山名は栗原の水分《みくまり》神社に祀られている峯権現（白山権現）の奥宮が権現山山頂にあるところからきている。権現山から東に流れる谷に滝谷とナナギ谷（権現谷）があり、ナナギ谷は七ツ鬼神という神霊がすんでいたという伝承に由来し、この鬼神が権現山古来の地主神であったと、『日本の神々』（谷川健一編・白水社）に書かれている。水分神社にはこの七ツ鬼神という土俗の神と比良山系を席捲した白山信仰との抗争の文書も残されているといい、神々への祭礼や神事には人びとの暮らしが通り抜けてきた、さまざまな歴史が埋もれているのだろう。

栗原からの棚田越しに見上げた権現山・ホッケ山の姿が印象に残っている。伊香立《いかだち》側からは近すぎるのだが、琵琶湖畔のどこからも権現山の

栗原から霊仙山（左手前）、権現山・ホッケ山（中央）、蓬莱山（右後方）を眺める

姿を仰ぐことができる。しかし少し離れると立体感がなく平面的になってしまい、この栗原からが角度がよくて、ボリューム感が出るのだが、何といっても栗原の集落の佇まいが美しく、山を見上げる雰囲気がいいのである。

権現山は花折《はなおれ》峠側から登ると植林地の中ばかりでどうも印象が良くない。またホッケ山もそうだが、北にある蓬莱山《ほうらいさん》からは見下ろす角度となり貧弱に見えてしまう。麓から見上げれば素晴らしいボリュームがある山なのに、山稜の切れ込みが浅くて稜線上での凹凸感がなくなってしまうのである。

ホッケ山は八屋戸《はちやど》へと流れ下るホッケ谷の源頭の山で、笹原の坊主頭をさらしている。『比良 研究と案内』には昭和初期はホッケ谷の頭と呼んだとある。ホッケ山の山名は麓の人が呼び習わしたものではなく登山者のための仮の山名であろう。

権現山頂上からのホッケ山

権現山よりも高く一〇〇〇mを超す高さを持っているのだが、独立峰として取り上げるには物足りなく感じる。権現山は縦走路以外に栗原からの道があるが、ホッケ山に直接登る一般的な登山道は縦走路以外にはなく、稜線上の突起といった扱いも仕方のないことだろうか。しかし琵琶湖側のホッケ谷と権現谷の間のホッケ山山頂の南に突き上げる尾根に古い道が残っており、『比良連嶺』の付図には破線が書かれている。尾根には今も歩ける深く掘り込まれた道が残っていて、往時は多くの人びとに歩かれていたことが想像できる道であった。今では登山路として使われていないので主稜線に合流する部分は分かりにくいが、踏み跡はしっかりと続いている。この尾根が栗原と南船路《みなみふなじ》の境界となっていたのであろう。以前の登山地図では破線の道となっていたが、今の登山地図には破線路もなく登山者にはほとんど歩かれることのないルートとなっている。

●平からの南山稜縦走路

平《だいら》から登る比良山系の南山稜縦走路は比良登山で最も親しまれた登山コースのひとつだろう。花折トンネルが開通する以前は、峠にあったバス停で下車して、主稜縦走路の始点となるドン谷登山口から、多くの登山者が権現山、蓬莱山《ほうらいさん》へと向かった。

現在は平バス停から少し峠側へ向うと旧道分岐がある。旧道へと入ってドン谷登山口から登ると、暗い植林地の中にアラキ峠（和邇越）まで道が続いている。権現山と折立山との鞍部がアラキ峠で、峠の東面は自然林が広がっている。

花折峠旧道の入口

峠からさらに植林地の中の急登が続き、山頂手前で北側が開けて、この辺りでは珍しいカラマツの植林地となって頂上に出る。

▼権現山・ホッケ山モデルコース

平から権現山、ホッケ山、小女郎峠《こじょろう》への主稜縦走路は比良の人気コースである。ホッケ山付近から蓬莱山までの笹原が広がる山稜と琵琶湖の眺望は、比良登山最大の魅力であろう。下山コースは小女郎ヶ池からサカ谷道（蓬莱山・打見山の項で紹介）がおすすめだ。

コースタイム

平（1：00）アラキ峠（0：50）権現山（0：30）ホッケ山（0：30）小女郎峠（1：50）坂下

ホッケ山山頂から蓬莱山への山稜

●栗原滝谷道

ズコノバンまでは和邇越道・折立山で案内しているので、それより上部の権現山までを紹介する。

権現山の頂上は東と南が開けてすこぶる展望がよく、西側は比良には珍しくカラマツが植林されていて、ちょっと異質な感じがする。ここは比良の南端で、しかもこの頂上から一気に高度を落としているので、見下ろす風景もダイナミックである。

頂上から滝谷道の下りは丈の低い灌木帯の急斜面で始まる。見晴らしがよく前方下に霊仙山全体が開けていて、すごく開放感のある道だ。傾斜が緩くなると明瞭な尾根に乗って下って行く、特徴のない雑木林の尾根だが、ズコノバンあたりまでの早春の明るい雑木林は、実に心地よい尾根歩きだった。

前方の木の間越しには端正な霊仙山が同じくらいの高さに見えてくると、やがて雑木林の右側は植林地となる。ゆったりとした斜面を下ったところがズコノバンだ。ここから林道の登山口までは植林地だが、昔から歩かれているしっかりとした道が続いている。林道に出て車道を切り返しながら下ると湧水があって谷に下りる。すぐに霊仙山への登山道との分岐の登山口に着く。

滝谷の林道に車を置いて霊仙山、権現山に登っても軽い一日コースである。しっかりと歩くつもりなら蓬莱山往復も充分に可能だ。

●ホッケ谷道

古い登山地図には、ホッケ谷の途中から右岸側の尾根に登って稜線に至る破線路が付けられているが、登山者にはほとんど利用されてこなかったと思われる。しかし比良主稜線から東へと延びるほとんどの尾根には、麓の人びとが利用してきた道が残されているので、この尾根も一度歩いて確認しておきたいと思っていたところ、ホッケ谷から尾根へと取り付くところに地元の比良雪稜会が標識を付けたということを聞いたので、登山地図にある破線路を求めてホッケ谷を辿ってみた。

南船路《みなみふなじ》の奥の別荘分譲地道路の終点から谷沿いにあやふやな道が続いていて、大きな堰堤に出くわした。アケボノソウがいっぱい咲いている。左岸側から堰堤工事のためと思われる林道がどこからか登ってきていて、さらにこの道を登っていくと標高四七〇m付近で、谷の右岸側から登ってきている林道と合流していた。ここからはホッケ谷の流

笹原が広がるホッケ山から見下ろす

れに沿って登って行く細い山道となる。

谷には小さな幾つもの堰堤がある。道はもうほとんど消滅して何度も行き詰まり、苦労させられた。途中、標識を付けたと聞いていた尾根への取り付きの、石垣状に護岸工事を施したところに出たので標識を探したが見つけられなかった。もっと上にもこんな石垣状のところがあるのかなと思って登るうちに、やがて流れも小さくなってしまい、行き過ぎてしまったことに気がついた。やはり通り越した石垣状のところが取り付きだったようだ。仕方がないのでこの標高七五〇m地点から左へと尾根に取り付き、植林地の急斜面を強引に登って行った。

尾根上に出てみると思った通り、掘り込まれた道が続いていた。見事な仕事道だ。下は栗原へと下っているのだろうか。辿ってみたかったがここで下ってしまうのももったいないので稜線へと向った。

稜線まで藪もない快適な道だった。稜線の出合いはホッケ山山頂の下で、普通に下っていけば気づかずに通り過ぎるところであろう。もちろん標識もない。現在は意識していれば道があることが分かるが、以前はもっと笹が深く分かりにくかったという。

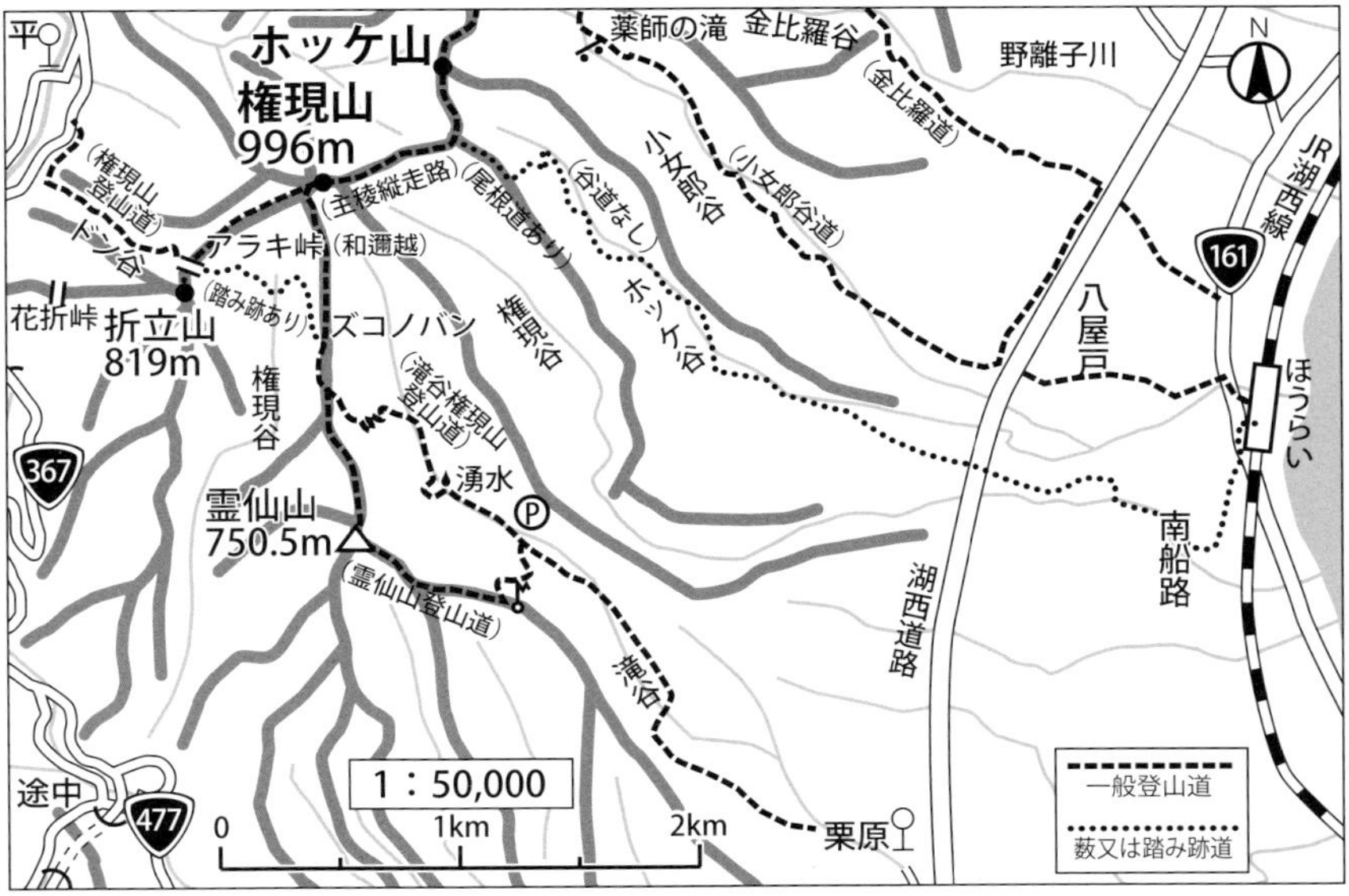

蓬萊山《ほうらいさん》△一一七三・九m・打見山《うちみやま》・一一〇八m

●キタダカ谷道 ●小女郎谷道 ●金比羅峠道 ●金比羅峠びわ湖バレイ道 ●サカ谷道 ●蓬萊山北尾根

〔地図四三頁〕

比良山系では武奈ヶ岳《ぶながたけ》と並ぶ大きな蓬萊山。スキー場ができて風景はまったく変わってしまったが、角倉さんの著書『比良連嶺』に書かれている〝武奈ヶ岳を比良のキングとすれば、蓬萊山はさしずめクヰーンといふ格で南部一帯の支配者である。〟という表現通り、スケールの大きな素晴らしい山である。笹原（現在はスキーゲレンデ）の山だけに頂上からは大きな展望が開けており、冬は山頂部だけが真っ白に光っている。琵琶湖岸から眺めていると、打見山と蓬萊山が並び立ち、両山から東に琵琶湖へと大きな尾根を延ばしひときわ目立っている。昔は冬になるとラッセルトレーニングとして、この蓬萊山、打見山東面の中谷や打見谷をよく登ったものだ。

蓬萊とは神仙思想で説かれる、古代中国で東の海上にある仙人が住むとされた五神山のうちのひとつだという。蓬萊山の山名も道教、仏教をもたらした大陸文化の流入によるものであろう。うららかな早春の日、琵琶湖を隔てて雪の残る雄大な山を仰ぎ見れば、仙人が住む神山という気分になるのも分かるような気がする。

大きく琵琶湖が開ける山稜の底抜けの明るさが魅力だ。青空の下、ゆっ

小女郎ヶ池からの蓬萊山

たりした雪の山を、スキーやスノーシューで歩く気分は最高。蓬莱山は雪山の楽しさを思いっきり味あわせてくれることだろう。

　蓬莱山、打見山への登山道は多い。東面からは小女郎《こじょろう》峠へと登るほうらい駅からの小女郎谷道、同じくほうらい駅から登る金比羅《こんぴら》峠道。しが駅からはびわ湖バレイ山麓駅を経て金比羅峠へと合流する登山道、打見山直下を経て蓬莱山に登るキタダカ谷道などがある。南面は花折峠から登る主稜の縦走路があり、栗原からもこの縦走路へと登る道がある。縦走路はもちろん北へと続いているので、烏谷山《からとやま》、比良岳から縦走してくるのもいい。また西面の坂下からはサカ谷道、坊村《ぼうむら》からは白滝谷道があり、多彩な登山コースが楽しめる。どこも公共交通機関が通じているので、縦走、横断とコースの取り方は自由自在である。

　バリエーションコースとして白滝山へと繋がる蓬莱山の北尾根がある。山慣れた人なら冬がおすすめだ。延びやかな起伏の山稜に点在する池を巡るコースで、スノーシューにはうってつけのルートとなるだろう。

蓬莱山直下のスキーゲレンデからの打見山と琵琶湖

●キタダカ谷道

東面から蓬莱山へと登る道はいくつかあるが、JR湖西線の駅から直接取り付けるので、いずれのコースもよく登られている道である。このアプローチの良さが比良の最大の魅力となっている。

JR志賀駅から木戸集落にある樹下《じゅげ》神社をぶらついてから棚田の中を登って行くと、みるみる琵琶湖の風景が広がっていく。JR湖西線の電車もミニチュアのようだ。こんな旅気分も山登りの楽しみのひとつである。

キタダカ谷の暗い植林の道から、右に急斜面をジグザグに登って行く。登りのきついところだが折り返しがあってそんなにも辛くない。尾根に出たところに天狗杉が高く天を突いている。

キタダカ谷道の天狗杉

尾根に出てもまだ切り返し道があって急登が続くが、広葉樹林の中に入ると風景も気分も明るくなる。クロトノハゲのガレの上に立つと琵琶湖のブルーが木の間から覗いた。クロトノハゲのクロトは黒砥で、砥石を掘り出したという。ここは蓬莱山と木戸峠の分岐となっている。

木戸峠まで山腹の道が続いているので峠まで往復してみた。ところどころに桟道が架けてある険しい斜面だが好きな道である。木戸峠は深く掘り込まれた静かな峠で、石仏が祀られている。このすぐ下にはびわ湖バレイスキー場のゲレンデがあり峠からも見えている

打見山下の巻き道からの琵琶湖の眺望

斜面に数体の石仏が並ぶ木戸峠

のだが、峠道らしい雰囲気は健在だ。

葛川《かつらがわ》に木戸口という集落がある。昔はシメン谷あたりから白滝山の山稜を越えてニシヤ谷から白滝谷に下り、白滝谷を遡ってこの峠を越え木戸へと下ったという。それで葛川に木戸口の名が残っている。

分岐に戻り打見山直下の斜面の巻き道を辿る。トリカブト、アキノキリンソウ、リンドウなどが咲き、空気の澄んだ秋山らしい眺望が開けていた。打見道場で昼を食べてから蓬莱山の山頂へと登った。

●小女郎《こじょろう》谷道

小女郎峠は琵琶湖側の小女郎谷がガレとなって一気に切れ込んでいるが、峠から西へ緩やかな下りとなって小女郎ヶ池があり、山稜の西側は広くなだらかに開けている。

小女郎ヶ池は四囲を尾根が囲み窪地になっている。地形から見ると昔は西側で谷へと落ちていたのだろうが次第に土砂がたまり池となったのだろう。山上の池の多くには竜や蛇の伝説があるが、この池もその例にもれず雨乞いの池として信仰され、大蛇の化身の青年とお孝《こう》という女性の伝説が残されている。それから孝女郎ヶ池と呼ばれ小女郎ヶ池となったという。

伝説は琵琶湖側の南船路に伝わるものなので、当然古くより南船路から登る道が通じていたであろう。しかし登山道となっている小女郎谷の稜線直下はガレが雨水によって切れ込み、非常に歩きにくい道となっている。谷はほぼ植林帯となっているので山仕事道としても使われており、流れに沿って下るだけなので間違えるようなところはないが、谷道だけに荒れているところが多い。急斜面の一気に高度を下げるコースなので下りにとる方が歩きやすいが、しっかりとした登山靴などの装備もなくハイキング気分でいると、厳しい道となることだろう。薬師滝のすぐ下には堰堤が続いていて、標高四五〇m付近まで林

小女郎峠から眺める琵琶湖

道が上がっているので、湖岸まではまだ三五〇ｍほどの標高差がある。

小女郎峠道の薬師滝

▼蓬莱山・打見山モデルコース

東面のJR湖西線志賀駅からキタダカ谷道を登り、蓬莱山、小女郎峠から小女郎谷道をJR蓬莱駅に下るコース。クロトノハゲから小女郎峠までの縦走路はよく歩かれており眺望は抜群。JR湖西線を始点、終点としてアプローチにも恵まれ、比良の魅力を存分に味わえるコースとなっている。

コースタイム

JR湖西線志賀駅（2：30）クロトノハゲ（1：00）蓬莱山（0：20）小女郎峠（0：20）小女郎ヶ池往復（2：00）JR湖西線蓬莱駅

●金比羅峠道

金比羅峠道の名称は南船路からの登山道の途中にある金比羅神社からきている。金比羅神社は八屋戸《はちやど》の若宮神社の境外社とされており、道から少し上がったところに祀られている。航海の安全を守る神様だけに、琵琶湖を見下ろす位置に置かれたのだろうか。このすぐ先には水坂と呼ばれている湧水が、パイプとトユから吹き出すように出ている。真夏でも非常に冷たい素晴らしい水だ。登山口はこの水坂から少し登ったところで、この付近まで車道が通じていて、車道からはガレとなって鋭く切れ落ちる小女郎峠付近の稜線が見えている。

大きな木が目立った金比羅道

　登山道は山仕事などに使われている古い道で切り返しを重ねて登って行く。植林もされているが自然林も多く、落ち着いた雰囲気の道が続いていた。大きな木が並んでおり、特にブナとシデの立派な大樹が目立った。金比羅峠まで尾根の終始きつい登りだが、大樹があるおかげで暑い時は日陰も多くて助けられるし、歩いていても気分的に楽だ。しかし尾根に近づくと雰囲気も変わり細い雑木林となって峠に出る。頂上までは四〇分ほどの急登が続く。

●金比羅峠びわ湖バレイ道

蓬莱山東面の打見谷と金比羅谷を分ける尾根に道があり、金比羅峠で両側へと道が分かれる。

蓬莱山山頂直下から東へと下る道に入った。斜面を横切るようにして尾根へと乗るのだが、ここからの眺望も見事だ。夏にはぽつぽつと咲くシモツケソウが見られる。

尾根へと乗るとジグザグに道が下っている。道はいいのだが石がごろごろとして歩きにくい道だ。急な道を下ると金比羅峠に出るがここは金比羅谷とびわ湖バレイからの道が尾根で合流したところで、地形的にはまったく峠らしくない。この場合の峠は分岐もしくは合流点といった意味なのだろうか。

金比羅道はここから右に谷へと下って行くが、びわ湖バレイ山麓駅へはそのまま尾根の道を下って行く。この尾根の最後の盛り上がりとなる船越山の手前で峠状となり、左へ斜面を打見谷まで下りきって流れを渡ると、アスファルト道に出合う。車道を下ると山麓駅で、木戸の集落へは駐車場の下でこの車道と分かれて左に木戸への道が続いている。

●サカ谷道

坂下から小女郎峠に登るコース。比良山系はどこから登っても急登で、標高差もあるのでつらい登りとなるが、このサカ谷道も約八〇〇mの標高差がある。植林地も多く地味なコースだが、登り着いた最後に小女郎ヶ池が開けるというドラマチックな展開が待っている。

無雪期では小女郎峠を越えて横断するコー

厳冬期の小女郎ヶ池

スか、葛川《かつらがわ》側からの花折《はなおれ》峠、権現山、蓬莱山、サカ谷道の周回コースとしてよくとられている。積雪期のサカ谷道はきつい登りで、雪の量、質によっては一日では厳しいコースとなる。雪の季節は花折峠からの縦走路はよく歩かれているが、サカ谷道を歩く人は少ないので、下りに取る場合は気をつけたい。何度か歩いており雪の時期にも下っているが、下部の尾根の斜面からトラバースしてサカ谷へと下るあたりで道を失ってしまった。ほぼ尾根道だが、トラバースするところがあったり、急斜面で尾根筋がはっきりしていないところがあるので、難しいコースといえる。無雪期の場合は問題ないが、積雪期はかなりきついのでよく考えて取り付きたい。

●蓬莱山北尾根

積雪期に歩いたが期待通りのルートだった。どこから登るにしても下から取り付いてこの北尾根を歩くとなると、ハードなコースとなる。

私は葛川中村からの鉄塔尾根を登って白滝山、北尾根、蓬莱山、サカ谷道、坂下と歩いたが、かなりきつかった。スキーの場合はもちろん、スノーシューにしても無理をせずにびわ湖バレイゴンドラで上がり、蓬莱山から下るのがいいだろう。長池付近を巡る時間の余裕もできる。スキーなら一〇八〇mピークからジャガ谷に下ればリフトを使って戻れるし、そのまま長池まで行って中村へ鉄塔尾根を下るのも、雪によっては面白い。

蓬莱山へと続く北尾根の雪稜

白滝山からは小さなピークと池のあるコルへとアップダウンの連続。一面の雑木林の起伏の間に雪の窪地が開ける風景は実に美しい。スキーやスノーシューでは最高のルートとなるが、訪れる登山者もほとんどいない。尾根はゆったりとした起伏の広い尾根だが、天気の悪い日でも西側の斜面のへりを歩くようにすれば分かりやすいだろう。

二・五万図にある最後の池から蓬莱山へと登りが続く。約一〇三〇mピークから見る、白滝山までの北尾根と明王谷を隔てた西南稜を駆け登る真っ白の武奈ヶ岳が素晴らしかった。

一〇八〇mピークからいったんコルへと下るとスキーのシュプールがあった。スキー場のリフト乗り場へと滑り込んでいるのだろう。コル付近西側は植林地となっており、蓬莱山への登りにかかると次第に樹林の丈が低くなる。左にゲレンデを望み、比良山系全域と琵琶湖の眺望が大きく広がってくる。さすがに比良山系のクイーンの貫禄である。

無雪期も最近では笹が枯れているので樹林の気持ちのいい尾根歩きとなるが、蓬莱山直下の斜面だけはまだ手強い藪が残っている。

白滝山《しらたきやま》・一〇三二m

〔地図四九頁〕

●伊藤新道　●白滝谷道
●長池～シル谷鉄塔道（白滝谷上流左岸側鉄塔道）
●オシロ谷左岸鉄塔尾根

冬の音羽池

白滝山は昔から白滝谷のニシヤ谷から登る道があったようだが、西面の坊村や中村からは登山道がなく、昔の案内書を見ているとシメン谷やオシロ谷などの山仕事の道を使って登られていたようだ。しかし一九七〇年前後に坊村にある比良山荘の伊藤萬次郎氏らによって、明王谷のワサビ谷から伊藤新道という登山道が拓かれてから､気軽に登れる山となった。現在はニシヤ谷道と伊藤新道の二つの登山道があって、ポピュラーな山とはなったが、山上はまだまだ静けさを保っている。

白滝山がいいのは緩やかに広がる雑木林の中に、いくつもの池が点在する静かな山稜である。白滝山山頂近くの音羽池、カシラコ池、スギヤ池、長池のほかにも蓬莱山へと至る稜線の途中に池がある。春や秋、この緩やかに波打つ山稜に池を訪ねる山歩きは、どこか鈴鹿の山に似たところがある。

冬は歩く人もほとんどないが、この緩やかな山稜はまさにスノーシュー天国だ。ずっと昔にびわ湖バレイから蓬莱山北尾根へとスキーで滑り込み、素晴らしいスノーハイキングを味わったが、坊村へと藪の斜面を下って酷い目にあったことを憶えている。この北尾根の山腹にはびわ湖バレイへと延びる送電線の鉄塔巡視路がある。音羽池、長池などを巡ってこの巡視路から白滝谷へと歩くコースは整備されていないが、静かな山を好む人にとっての穴場的なコースといえるだろう。

●伊藤新道

　この道は一般道とはいえ登る人はあまり多くない。登り始めのワサビ谷道から道の見分けがつきにくかった。ワサビ谷という名にかかわらずワサビは見かけなかったが、流れが美しい谷だった。広く浅い明るい谷で、水が踊るように岩の間を抜けていた。

　途中、ほぼ続いた大きな滝が二つある。二段滝ともいえる滝で、ワサビの大滝と呼ばれている。一つ目の滝を左から巻いて二つ目の滝の下で水流を渡って、今度は右側から巻いて登って行く。このあたりはまだ植林地の中で左へと斜めに登っていって滝の上で谷を渡ってから、雑木林の斜面をジグザグに登るようになるのだが、とにかくひたすら登りでゆるむところがない。

ワサビの大滝下の流れ

　早春の雑木林は緑がほとんどなく陽光が広がる林は底抜けに明るい。枯れ葉を敷きつめた林床に光が溢れ、さくさくと響く靴音のリズムが心地よく、急登の息切れをなだめてくれているようだった。この雑木林の斜面に入ってからは風景に変化がなく、ずっと同じような木々が並ぶ急登が続き、最後の最後にやっと尾根らしい形状になって北側のピークに出る。

　全体を白滝山と呼ぶのだろうが、地図に一〇二二mの標高点が入れられている南のピークの方に白滝山と標示がしてあった。

明るい林の中の白滝山頂上

●白滝谷道

比良の谷は大きく分けて、横谷、縦谷という二つの型の谷があることは「比良の山を歩く」の項で紹介しているが、この白滝谷は山脈に平行する深く長い縦谷型の谷で、沢登りの谷としても登りごたえのあるスケールの大きな渓谷美を持っている。

白滝谷はその名の通り白い花崗岩の岩質で、大きな滝や淵などを続ける美しい谷である。私も何度か沢登りで訪れているが、流れの横には登山道があり、葛川側から蓬萊山へと登るコースとなっている。しかしコースが長いのではほとんどがニシヤ谷を通じて白滝山への登山道として使われているのではないだろうか。上部がスキー場として開発されているので、この道から蓬萊山まで登る人はあまりいないようだ。

自然林が美しい白滝谷の下流部

木戸峠からびわ湖バレイを抜けて下りてみたが、坊村までは長い下りだ。ニシヤ谷に出合うまでは白《しら》髭淵《ひげぶち》、夫婦淵《めおとぶち》などがあって、豪快さはないが美しい流れが続く。ただ遊歩道などの人工物があり、自然のままの谷でないのが残念だ。自然の姿なら源流部はどこも素晴らしいところであったことだろう。ニシヤ谷出合には滝見不動明王奉安所がある。ここは白滝山の音羽池から下りてくる道との合流点で、このすぐ下には夫婦滝が架かっている。左岸側にある奉安所から滝へと下りる道がある。

春のニシヤ谷は猛毒のハシリドコロがいっぱい咲

ニシヤ谷が分岐する夫婦滝

いていたのを思い出す。樹林の中の静かな道で、伊藤新道からこの道へと周回する人がほとんどなのだろう。最後は緩やかな浅い広がりとなって音羽池へと出るが、本流から三〇分ほどの登りである。

白滝谷道はニシヤ谷出合から木橋で流れを渡り、右岸側に夫婦滝を巻く細い山腹道が続いている。アップダウンが多く楽な道ではないが、谷は自然林に覆われて美しく、大岩の間を豊かな水流が豪快に落ちて行く。白滝山と組み合わせて歩くなら最高のコースとなるのではないだろうか。また比良有数の渓谷美を持ち沢登りとしても楽しいルートである。

▼白滝山モデルコース

明王谷林道から伊藤新道を登り、山頂から山稜の池を周遊してニシヤ谷から白滝谷道を下るというコースがよくとられている。私は早春の頃に歩くのが好きで訪れるのはいつもこの頃だが、雑木林が多いので秋もいいだろう。

コースタイム

坊村（0：40）伊藤新道出合（1：30）白滝山（1：00）山稜の池周遊してニシヤ谷分岐（0：20）白滝谷道夫婦滝（1：00）牛コバ（1：00）坊村

●長池〜シル谷鉄塔道（白滝谷上流左岸側鉄塔道）

葛川中村からオシロ谷の左岸尾根に送電線が延び上がり、長池の西側に上がってきている。この送電線の鉄塔巡視路はオシロ谷左岸鉄塔尾根として紹介しているが、長池から送電線は南東へとほぼ四五度の角度で延び、白滝谷を越えたところで角度を振って打見山へと至っている。この送電線の下にも巡視路が続いているのだが、シル谷に出たところに一箇所、長池という古い道標があるのを見かけただけで、登山道としてはほとんど利用されていないようだ。

美しいコースなのになぜ登山者が利用しないのか。もちろん登山道として整備されていないことから、必然的に道の存在自体が知られていないというのが第一

雪が融け始めた早春の長池

の理由である。他にはマイカーでの登山の場合、元に戻るには距離が長くなりすぎることや、白滝谷道が長くて険しい道であること、いくつもの支尾根を横断しながら続いているのでアップダウンが繰り返される道であることなど、理由はいくつも上げられるが、そんな諸々の否定的な理由など吹き飛ばしてしまうほどの、魅力がある道である。

何よりもまず、池が点在する白滝山ののびやかな地形と樹林の美しさに尽きる。長池から緩やかな起伏を縫い、池を覗きに行ったりして何度も寄り道をしながら彷徨い歩いた。道ははっきりとしていないが巡視路によくあるプラスチックの階段が上り下りのところに埋め込んであるのでこれが目印となる。しかし先の鉄塔を目標に進んで行けば間違うことはなく、支尾根を横断しながら白滝谷源流のシル谷に近づいて行く。

何度も繰り返すアップダウンが次第に大きくなり、小さな流れを渡るところがケヤキ谷である。この浅い谷間の細流の雰囲気が何とも良く、開発される前の美しかったこの山の姿を見せてくれる。考えれば比良スキー場、琵琶湖バレイスキー場の両方とも比良山系の最高の場所に作られており、この鉄塔の巡視路は美しい比良の原風景を覗かせてくれるコースである。

次に尾根を越えてオオカメ谷に下り、もう一つ尾根を越えればジャガ谷だ。これを遡れば蓬萊山に登り着くのだが、少し上流にはリフト乗り場があり、スキー場のゲレンデが蓬萊山の頂上まで続いている。白滝谷のシル谷へはさらにもうひとつ山越えして白滝谷登山道と合流する。

●オシロ谷左岸鉄塔尾根

白滝山への登山ルートとして伊藤新道、白滝谷のニシヤ谷以外の道としては、オシロ谷左岸の尾根を登る鉄塔の巡視路が使える。登山のための道ではないのでしっかり踏まれてはいないが、国道から直接取り付ける便利なルートだ。特に冬の白滝山への最良のルートとなるのではないだろうか。

葛川中村の学校前からオシロ谷に入り、右の杉の急斜面を登った。スノーシューかワカンのどちらか迷ったが、結局ワカンにした。数日前の武奈西南稜はスノーシューだったが、雪はかなり締まっていたのでワカンにしようと思ったが、この選択は難しい。

植林地の急斜面を我慢して登ると、やがて送電線のために伐り払われた真っ白の斜面に出た。雪も締まって快適、降雪直後なら山スキーでの素晴らしい滑降コースとなることだろう。取り付きの植林地の急斜面をしのげれば、雪の状態によっては山スキーでも使えるコースとなるのではないだろうか。

伐採斜面から雑木林の中に入るともう稜線は近い。まず白滝山へと登ろうと、送電線から離れて尾根をそのまま登り、音羽池西側のコルに出た。稜線は緩やかに尾根と谷が入り組み、小さな起伏が続いた複雑な地形なので、天気の悪い時は注意が必要だ。音羽池の北側の尾根を忠実に登って行くと白滝山頂上に出る。頂上は南北に延びるゆったりとした稜線で、眺望もない雑木林の中だった。

鉄塔下の切り開き

取り付きから白滝山まで、雪が締まっていたので二時間一五分ほど。長池あたりまで池巡りするのなら、往路の鉄塔尾根を下って丁度いい一日コースとなる。降雪直後でラッセルが深ければ、かなり厳しい登りとなることだろう。この日は蓬莱山北尾根を蓬莱山へと登って、小女郎ヶ池からサカ谷道を下ったが、一日コースとしてはかなりハードだった。

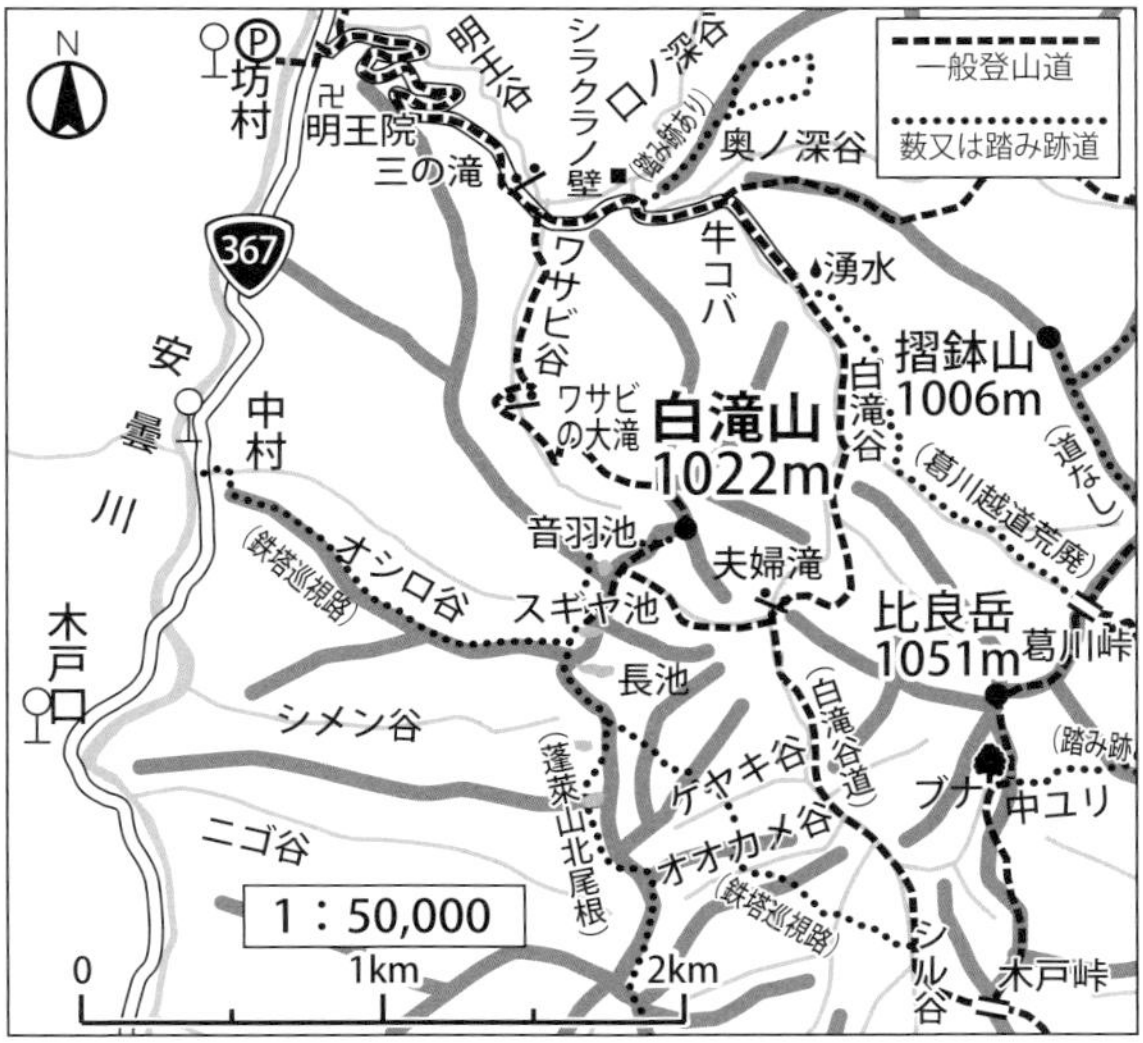

烏谷山《からとやま》△一〇七六・五m・比良岳《ひらだけ》・一〇五一m・摺鉢山《すりばちやま》・一〇〇六m 〔地図五六頁〕

●荒川峠道 ●葛川越 ●中ユリ道 ●烏谷山北西稜摺鉢山尾根

比良主稜線の蓬莱山と堂満《どうまん》岳の間にある烏谷山・比良岳は、東面に正面谷、堂満東稜、荒川峠道、キタダカ谷道、西面に白滝谷道、奥の深谷道などの登山道があって、アプローチには恵まれている。

烏谷山は文字から〝からすだにやま〟と呼ばれたりするが、山本武人氏の『比良の詩』（サンブライト出版部）には〝からとやま〟が正式な名称だと書かれ、大岩谷の支流のカラト谷からきているという。昭文社の登山地図でも〝からと〟とルビが振られている。カラトという地名は鈴鹿の神崎川にカラト谷、甲賀に唐戸川がある。北アルプスにある涸沢と同じ水のないカレ谷の意味であろう。『比良 研究と案内』には小砂回《こさかい》岳の名も別称として上げられている。山頂は縦走路からはずれて少し北側にあり、伐り払われているので展望が開けている。

そして烏谷山から北に延びる尾根上に摺鉢山がある。その山容から付けられた名前であろう。この忘れられた山にもかすかな踏み跡が続いており、物好きな人だけが足を延ばす静かな山である。山頂は山名標示などもぶら下げられておらず、静かできれいな山頂に好感が持てた。

比良岳は姿が美しい印象に残る山だが、三角点もなく比良山系の主峰

北側から見た淡く雪化粧した比良岳

というわけではないのに、何故かこのピークに比良の名前が与えられている。北比良、南比良の集落やその付近に流れ下る比良川などに比良の地名があるが、比良岳とは少し離れていて関係性もないように思われる。どうにも腑に落ちない山名である。

烏谷山、比良岳両山とも見る角度によっては目をひくピークではあるが、どちらかといえば山としての存在感は薄い。というのも麓からこの山へと直接登る道がないということが、この両山をいっそう目立たない山にしているのだろう。この山へと直接登ることにこだわれば、烏谷山は摺鉢山のある北尾根、比良岳は大岩谷からの中ユリというルートがある。しかし山歩きの楽しみとしては南比良峠、荒川峠、葛川越、木戸峠など、この山稜中に続く峠越の道の方に魅力を感じている。むしろピークにこだわることによって雰囲気のある登山道が消えていっているように思う。登山といってもピークにこだわる必要はなく、峠を歩くという楽しみ方もあり、比良らしい峠道が連なるこの両山付近は私には好きな山域となっている。

烏谷山と摺鉢山のコルの美しいブナ林

●荒川峠道

古いガイドブックでは深谷《ふかだに》の南比良峠道や大谷の葛川越《かつらがわごえ》が実線となって、荒川峠道は破線の道となっている。しかし現在では逆で、荒川峠道はよく踏まれた現役の道で、南比良峠道や葛川越は廃道となっている。荒川峠道の上部は部分的に植林がされているので、その仕事道として整備されているのだろう。終始よく踏まれた歩きやすい道が続いている。

比良の峠道おきまりの切り返しながら尾根へと登って行くと、大岩の下から湧きだす水場があり、稜線に近づくと大きなブナの並ぶ道となる。そして最後は稜線へと真っ直ぐに突き上げるのではなく、尾根から稜線のコルへと山腹を斜めに登って峠に出る。この道の

荒川峠直下の自然林の中の道

続き具合が何ともいえずいい感じなのだが、この感覚が口では表現できないのがもどかしい。もちろん最初に道を拓いた人は、ただ便利で歩きやすいということだけを考えて歩いたのだろうが、今私たちが歩いてみると、随分と勝手なことを考えてしまう。道の美などという感覚を、昔歩いた人たちの誰が感じたであろうか。でも歩くということを楽しみとすると、美という感覚も非常に重要な要素となるのである。

荒川峠から烏谷山への縦走路の美しい林

最後に歩いたのは秋、ちょうど木々の色づきが最高潮の時であったので、荒川峠道のイメージはさらにアップして記憶されたのではないだろうか。

峠は小さく切れ込んだ窓状のコルで、葛川側へと越えるべき道は存在せず、T字路となっている。戦前のガイドブックである『比良連嶺』の付図を見てみると、主稜線を少し北上してから奥ノ深谷へ

と下っており、その途中で南比良峠道と合流して大橋に至っている。葛川側の道はもう木々の中だ。一〇〇年くらい前の比良の山にタイムスリップしてこんな峠道を覗いてみたいものだ。

比良岳南面の緩やかな樹林の道

▼烏谷山・比良岳モデルコース

荒川峠道から登り烏谷山、比良岳と縦走し、さらに蓬莱山まで足を伸ばして、金比羅道を下るコース設定をしてみたが、結構ハードなコースである。縦走路は比良岳南面の緩やかに広がった斜面と、木戸峠、クロトノハゲ間の山腹道の急斜面に架かる桟道通過が要注意箇所だが、道はしっかりと踏まれている。体力によっては打見山からロープウェイで下ることもできる（金比羅道は蓬莱山・打見山の項参照）。

コースタイム

JR湖西線志賀駅（1：10）荒川峠道出合（1：40）荒川峠（0：25）烏谷山（0：15）葛川越（0：15）比良岳（0：30）木戸峠（1：30）蓬莱山（0：30）金比羅峠（2：00）JR湖西線蓬莱駅

●葛川越

葛川越は大物《だいもつ》峠とも呼ばれ、葛川の明王谷と東面の大物、荒川の両集落とを結ぶ峠道だった。上流で大岩谷、中谷と分かれるが、この峠道も近年荒れてしまった。往時は石を切り出していたといい、大岩谷の名前通り、昔クライミングに通った天狗岩があるが、これが石切り場跡だろう。橇道も残っている。

葛川越は峠付近だけに美しい道が残っており、歩いてみたいと思わせる峠道だった。そんな気持ちに誘われて大物から辿ってみたが、思ったとおり、比良らしい雰囲気を持つ峠道だったので、

葛川側から見上げた葛川越

それから以後、気に入って峠の両側を何度か歩いている。琵琶湖側は荒川峠道との分岐より奥は、谷道は消えていて荒れてはいるものの、山腹を絡む踏み跡を探せば何とか辿ることができるし、峠手前は深く掘り込まれた素晴らしい道型が残っている。

葛川側はさらに廃道化が進んでいて道は分かりにくかった。クルシ谷を下り白滝谷の右岸側の山腹に道は続いており、牛コバ近くまで何とか歩くことができた。現在は白滝谷には林道が延びているが、林道以前はこの道が使われていたのだろうか。

●中ユリ道

中ユリの地名はユリ道という言葉からきているのであろう。北山の二ノ瀬ユリという登山コースがよく知られている。ユリ道というのは山腹を縫う道のことである。

中ユリは葛川越へと突き上げる大谷の支流の大岩谷と中谷右俣との間の尾根をさしている。比良岳の南斜面から西へと張り出していて、比良岳の中腹から山腹を辿って大岩谷へと下るこのユリ道からきた地名であろう。山の両側を結ぶ峠道ではなく山仕事のためのバイパス的役割を果たした道で、現在の登山地図では登山道の赤い実線や破線はなく、等高線と同じ色の判読しがたい破線が入っていて、道があったことを示している。私が持つ古い二色刷りの二・五万図にも破線の道が入れられ、比良岳の山腹を行くユリ道であることがよく分かる。今は地名が残るのみで登山地図やガイドブックにもまったくふれられておらず、とおの昔に廃道となったコースというイメージしかなかった。

しかし改めて比良の山々を歩き始めてみると、廃

比良岳南面の中ユリ分岐にあるブナ

道となっていると思われた道のほとんどは今も歩ける状態で残っていることが分かり、この中ユリも非常に気になる存在となっていた。

中ユリは葛川越の道の途中から分岐して登って行くのだが、葛川越が使われなくなったのと同じ頃中ユリの道も歩かれなくなったと思われる。何度か大岩谷の葛川越を歩いているが、中ユリ分岐はまったく気づかなかった。ガレ谷なのでおそらくはこの取り付き付近が崩れているのだろうと思い、この道を辿るには上から下る方が分かりやすいと判断した。

比良岳の南斜面は比良山系でも印象に残る地形を持つところだ。緩やかな広がりに浅い谷を刻む中を縦走路が縫っており、美しい自然林に包まれた魅力あるところであるが、キャンプ地となっているのか、ゴミが散乱しているのが残念だった。この比良岳南面の中ユリへと下る分岐には、石仏があって大ブナが立っている。まさに道の岐かれといった雰囲気で、街道でいえば追分と呼ぶところであろう。

中ユリへの道はうすい踏み跡が続いているが入口は木の枝が置かれて行かないように道を塞いであった。道は予想通り藪に煩わされることもない歩きやすい道であった。自然林の中に心地よく続いていて、昔の仕事道らしく実にうまく造られている。尾根から大岩谷へと下るところも分かりやすく、急斜面になるとジグザグを繰り返す道となって下って行く。掘れ込みも深く相当使われていた道であったことが分かるが、こんな道を現役の登山道として復活させてやりたいものである。

ただ、やはり最後、大岩谷へと下るところがガレとなって切れ落ちていた。ザイルがぶら下げられていたがここは危なそうなので、少し上流側へと登って支流から大岩谷に下りた。この取り付きで道が崩落しているし、大岩谷自体が荒川峠への分岐から先が廃道化しているので、この魅力ある道も埋もれているのは残念なことだと思う。

●烏谷山北西稜摺鉢山尾根

摺鉢山は烏谷山山頂から北北西に延びる尾根上に可愛いピークをもたげている。摺鉢の名称はどこから見た山容が摺り鉢を思わせるのであろう。

この尾根は摺鉢山の先で北西方向へと首を振り、

明王谷の奥ノ深谷、白滝谷の分岐点へと落ちており、両谷を分ける大きな尾根を形成している。

比良山系の大きな流れである明王谷は口ノ深谷、奥ノ深谷、白滝谷と三つの大きな支流を分け、四本の大きな尾根が主稜へと延び上がっており、それぞれの尾根の中間に同じようなスケールのピークを突き出している。御殿山、シャクシコバの頭、摺鉢山、白滝山であるが、この四つのピークの中では摺鉢山が最もスケールが小さい。

摺鉢山はこの四つの山で唯一登山道のない山であるが、登っている人は結構いるようだ。しかし山頂は登山者がつける山名の標示板はなく、テープの類いも少なく清浄な山頂であった。木にいろいろなものをぶら下げずに、このままそっと静かにしておいてほしいものである。

この山への登山道は登山地図には記載されていないが、烏谷山から微かな踏み跡が続いており簡単に山頂に立つことができる。下から登る場合も奥ノ深谷登山道の途中から尾根をそのまま登ればいいだろう。登ってはいないがそんなに藪もないと思われる。私は烏谷山から摺鉢山に至ってから、少し烏谷山側へと戻った一〇二〇m付近から大橋へと北北東方向に延びる尾根を下っている。この尾根は植林されている部分が多く、藪というほどのこともなく大橋へと下れた。

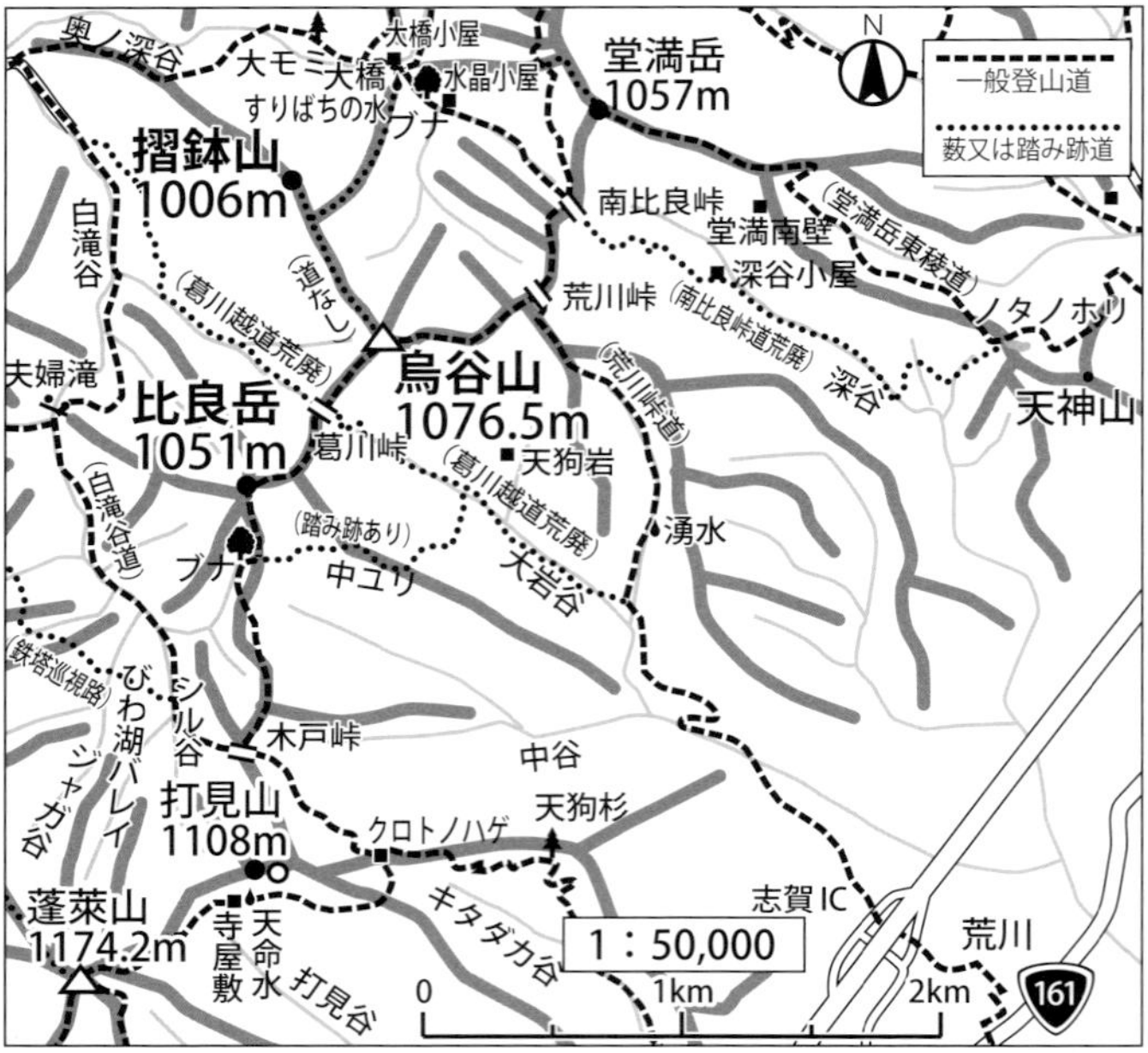

堂満岳《どうまんだけ》・一〇五七m

〔地図六三頁〕
●堂満岳東稜　●正面谷道　●南比良峠道

『比良連嶺』には、比良の語源としてアイヌ語説が紹介されている。〝「ヒラ」という語であるが、アイヌ研究で有名なジョン・バチェラー氏によれば、これは「崖」という意味のアイヌ語がその語源であって、「崖のある嶮しい山」が即ち「ヒラ山」なる呼称の始りであるとされている。〟とある。

関西の山でアイヌ語をあてるのは唐突な気がするのだが、柳田国男の『地名の研究』では「堂満」という語もバチェラーによれば湿地を意味するアイヌ語にあてはまるという。そういえば堂満岳東稜末端に「ノタノホリ」の池があり、アイヌ語説もあるのかなという気がしてくる。「ノタ」、「ニタ」、「ヌタ」は湿地の語であり、これが堂満岳の語源となっているのだろうか。

近江八景のひとつ〝比良の暮雪〟。湖岸から見た残雪の打見山から堂満岳、釈迦岳などのうららかな春の比良の風景である。私も比良というと最初に思い浮かぶのがこんなイメージだ。

その琵琶湖岸から見る連嶺の一峰の堂満岳は、小さなピークだけに貧弱に見えるが形の美しい山である。貧弱に見えるのは根張りが小さい山なのでやむを得ないが、見る方向によってはピラミダルできりっとした姿が際立つ山である。国道一六一号の北側から見る、東面を切

ひっそりとしたノタノホリ

れ落として立ち上がる姿が何とも小気味がいい。『比良連嶺』にも〝北比良峠方面から見ると、頂上は尖っていないが、北側は一大岩峰の如き威容を呈して非常に印象的である。積雪が岩の間隙を埋めるとなおさら素晴らしく見える。〟とある。まさに氏のその言葉通りである。また山頂一帯のシャクナゲは素晴らしい。比良随一の群生地ではないだろうか。

私にとっての堂満岳は、ガレ場にアイゼンを着けて登ったり、ルンゼをワカンでラッセルトレーニングしたりと、冬山を目指す山であった。釈迦付近から見ると浅いルンゼが刻み込まれた東北面はまさにアルペン的、その北壁ルンゼのラッセルでは雪崩に遭いヒヤッとさせられたこともある。

堂満岳への登山道は南北に続く縦走路があるが、道は西斜面を巻いて頂上を通らず、頂上の北で縦走路と合流している。頂上へと麓から直接登る登山道があるのは、東稜の道一本だけということになる。縦走路に登る道としては金糞峠に登る東からの正面谷、西の奥の深谷からがあり、他には道が荒れた南比良峠への深谷がある。

釈迦岳直下から見た早春の堂満岳北面

●堂満岳東稜

堂満岳へ麓から頂上に唯一直接登る道、それが東稜の登山道だ。『比良連嶺』を見ると藪と書かれており、道がなかったことが分かる。東稜の登山道は昭和三十八年に滋賀県山岳連盟によって拓かれ、堂満新道と呼ばれていた。下部にあった仕事道から上部を伐って登山道として開かれたのだろう。

イン谷口に車を置いてノタノホリへと登った。ここに車を置いて正面谷や北比良峠の道から周回するのが一般的なルートとなっているようだ。ノタノホリは尾根上にある大きな池で、周りに樹林がかぶさっているので陰気な雰囲気が漂っている。初夏にはモリアオガエルの卵塊がいっぱいぶら下がる。

東稜道に立つ曲がりくねったブナ

東稜道はこのノタノホリから尾根道となるのだが、この池から少し登ると、右へとトラバースして谷道となる。そして谷の中を登って行くと、ごぼごぼと流れが湧きだすこの小さな谷の源頭に出て、さらに右へと斜面を登って、北側の尾根へと移って行く。東稜は下部で二つに分かれており、登山道が移ったすぐ上で合流して一本の尾根となって登って行くのだが、これ以後はどこまでも急で素っ気ない高度をかせぐだけの登りが続いている。

花は少なく展望もほとんどきかず、ただただ単調な登りといえる。登るにつれてブナが出てくるが太いものはなく、曲がりくねった木が多い。しかしブ

堂満岳頂上からの琵琶湖の眺望

ナが現れると道の雰囲気も変わる。鈴鹿の御在所山の一の谷新道あたりと似ているように思った。

　頂上はシャクナゲがあり、小さく伐り開かれた山頂からは琵琶湖側の展望がきく。

●正面谷道

　正面谷といえば比良を代表する登山コースだった。江若《こうじゃく》鉄道の時代から、その江若鉄道が廃止になってバスになり、それから湖西線の開通へと時代が移るが、正面谷、金糞《かなくそ》峠、八雲《やくも》ヶ《が》原《はら》、武奈ヶ岳というのが、昔の比良登山の定番コースであった。もちろんロープウェイ、リフトを使って登る人も多かったが、歩いて登る登山者にとってもロープウェイ、リフトがあるというのは心強かった。

　ロープウェイ、リフトが廃止になった今、正面谷、イン谷が比良のメインルートであった頃とは登山コースの使われ方はがらりと変わった。そしてJR比良駅からイン谷までの路線バスが廃止されたことも、比良の登山事情を変えた大きな要因となっている。登山口から比良駅間を歩くには少し距離が長いので、湖西線が利用しにくくなり、コース取りが限定されるようになった。現在では正面谷からは車利用の登山者がほとんどであろう。この路線バス廃止が正面谷、イン谷からの登山者離れの大きな原因のひとつとなっている。しかし正面谷を詰め上げた金糞峠はどこへ向うにも便利な位置にあり、今も比良山系の中心的役割を果たしている。

　正面谷の道を歩くと比良という山の匂いを濃厚に感じさせてくれ懐か

岩屑の上を登る青ガレ

3月の正面谷の雪崩のデブリ

しい思いがする。積雪期に下ってみても踏み跡が続いていて雪の時でも歩く人は結構いるようだった。堂満側からは五〇mほどの小さな雪崩も出ており、新雪期は注意が必要であろう。青ガレも落石事故があったようだがルートは以前と変わっていない。

青ガレを過ぎるといくつも続く堰堤を下っていくのだが、谷を真っ直ぐに下るだけに速い。何といっても比良の中心となる位置にある正面谷は多くの登山コースとも繋がって、どこの山へでも登ることができる使いやすい登山口として重宝されているようだ。やはり比良を代表するコースであることには今も変わることはないだろう。

正面谷から見上げる金糞峠

▼堂満岳モデルコース

東稜道を登って堂満岳頂上から縦走路を北へ歩いて、金糞峠から正面谷を下って軽い一日コース。さらにシャクナゲ尾根を進んで北比良峠からダケ道を下るか、健脚なら釈迦岳へと回って、旧リフト道やワンゲル新道を下ることもできる。いずれのコースをとっても、イン谷口に駐車すれば周回できるので、マイカー向きのコースとなる。堂満岳から北比良峠、一帯はシャクナゲが多く、春（5月初旬）のおすすめのコースである（ダケ道は釈迦岳・カラ岳・ヤケオ山にて項で紹介）。

コースタイム

イン谷口（0：40）ノタノホリ（1：50）堂満岳（0：40）金糞峠（0：40）北比良峠（1：20）イン谷口

●南比良峠道

南比良峠への深谷の道は一九六六年発行の『比良研究と案内』では実線の道となっているが、一九七六年版の昭文社の登山地図では破線と変わっている。私は一九六八年頃から山歩きを始めているが、丁度この頃に廃道になったものと思われる。廃道の原因は大雨によってガレ斜面が崩壊したことによる道の流失である。登ってみると分かるが、道がガレの斜面でぷっつりと切れている。この峠道は深谷から峠を越えて奥の深谷へと至るが、奥の深谷の名前が示すとおり、南比良集落の人たちが主稜線の西側へと越える道として使っていた道である。この南比良峠を昔の滋賀郡の郡界線が主稜線西側へと越えている。滋賀郡は奥の深谷から武奈ヶ岳周辺の八池《やち》谷源流までを含んでおり、奥の深谷、ナガオなどその郡界線には伐り分けの道がついている。

　比良の峠道、特に釈迦岳から打見山あたりまでの峠道に、私の好きな道が多い。比良らしい道というのだろうか、道のつき方とガレ場や樹林の様相などに、特有の雰囲気を感じられるのである。葛川越、荒川峠、南比良峠、北比良峠、みな素敵な道だった。

初冬の琵琶湖側の南比良峠道

　南比良峠はイン谷口から堂満東稜のノタノホリに登り、峠を越えて深谷に下った。この小さな峠は峠越えの道が存在しており、登山地図にも破線で峠越えの道が表示されているのだが、道標にはノタノホリと堂満岳だけしか表示されていない。

　峠を越えた深谷は丸山谷出合の

南比良峠道の奥ノ深谷側。少し荒れてはいるが雰囲気のある道だった

深谷小屋まで何とか道は続いていた。北側の東稜南斜面の岩場はクライミングのゲレンデとなっていた堂満南壁で、昔この下のガレでアイゼンワークの練習をしたことを憶えている。

峠道はこの深谷小屋の裏の急斜面を一気に登って行く。すごい急斜面にロープが張ってあるが、このロープがなければ辿れないようなあやふやな道であった。おそらくこのあたりは消失した道の迂回路で、昔の峠道とは変わっているのだろう。このロープが張られた急登を登ったところで、しっかりとした道に出合った。これが昔からの峠道で、この道を辿ってみると切れ落ちたガレのところで道が流されていた。これが廃道の原因だ。

もうあとは少し荒れてはいるがジグザグに掘り込まれた道が登っていた。峠もしっかりと残っている。比良の東面の峠道の典型のような美しく感じのよい道であった。

葛川側へは縦走路を少し南へ行ったところから奥の深谷の大橋へと下って行く。こちら側も現在では踏み跡も荒れて歩く人はかなり少なくなっているようだった。しかし谷がゆるやかに広がるいい雰囲気の中に道は続いている。地味な風景だが比良の峠道の良さが凝縮されており、もっと歩いてもらいたい道のひとつだと思った。

コヤマノ岳《だけ》・一一八一m・シャクシコバノ頭《かしら》・一一二二m

●奥ノ深谷道（左岸側一般登山道）●ユーエンコース ●小川新道 ●ヨキトウゲ谷道
●中峠〜ワサビ峠 ●奥ノ深谷源流の支谷道 ●奥ノ深谷道（右岸道）

〔地図七二頁〕

『比良連嶺』には「雪のある時北比良峠から眺めると、この山頂上一帯はごく疎らな枯木立を残すのみで、きれいな斜面が至るところに長々と展開している。」とある。角倉さんはコヤマノ岳を山スキーヤーの目で眺めていたのだろう。

現在、このコヤマノ岳東面は植林された杉が成長し、旧スキー場のリフト用とゲレンデ用の伐り開きが目立っている。私もロープウェイがある頃は、よく比良スキー場から武奈ヶ岳へと登り、スキー場まで滑り込んだ。コヤマノ岳はゲレンデの一角で、武奈ヶ岳への通り道とだけしか見ていなかったのであろう。コヤマノ岳という名称にしても、すぐ隣りの武奈ヶ岳をオオヤマとみたコヤマだと思うのだが、今もほとんどの登山者のこの山を見る目は変わらないように思う。

しかし一帯の人工物が撤去され自然に返されると、私にはコヤマノ岳を見る印象が少し変わってきた。一一八一mの標高は蓬莱山を抜く比良第二の高峰であり、その姿は周りの山から見ていても存在感がある。実際に歩いてみても魅力を感じる山だと思うようになった。

コヤマノ岳といえば、ほうきのように枝を広げたブナが印象に残っている。

コヤマノ岳頂上付近の美しいブナ林

シャクシコバノ頭から頂上までの稜線は美しいブナ林が続いており、頂上付近は大きなブナが並んでいる。東面はスギが植林されているが、口ノ深谷の源流が広がる西面は一面の自然林に包まれており、ヨキトウゲ谷、中峠、ワサビ峠と奥ノ深谷から口ノ深谷の源流部を横断してみると、コヤマノ岳、シャクシコバノ頭へと続くこの山の良さを改めて感じさせられることだろう。

コヤマノ岳は『比良 研究と案内』には、別名として鈴ヶ岳の名が上げられている。鈴ヶ岳のスズはスズタケなどの名称があるように、笹に覆われた山のことである。しかし現在ササはほとんどなく、ブナの林床は一面スゲの原となって見通しも開けている。ところどころに茶色く枯れたネマガリダケが残っているだけで、明るいブナ林が続く美しい尾根である。

登山道は武奈ヶ岳へ向かうことを前提としてこの山に多くのコースが集中しているが、ここでは武奈ヶ岳へのステップとしてではなく、コヤマノ岳を囲む奥ノ深谷、口ノ深谷の両谷からコヤマノ岳へと至る登山コースとして取り上げた。

西南稜から見た口ノ深谷源流とコヤマノ岳。自然林に覆われている

●奥ノ深谷道（左岸側一般登山道）

奥ノ深谷左岸側の一般登山道は多方面へと向うことができる貴重なルートとなっている。明王谷《みょうおうだに》林道の牛コバからまっすぐ行くと白滝谷への道で、左へと切り返すように入る道が奥ノ深谷の道である。牛コバという地名は山仕事で荷を運ぶ牛がここまで入ったことによる地名だという。

奥ノ深谷道に入ってすぐにカツラの大木があり、最初はジグザグを繰り返しながら尾根をぐんぐんと高度を上げていき、標高七〇〇mを超えたあたりで山腹道となる。山腹道はところどころで斜面が流され、道幅も狭くて歩きにくいところが出てくる。

奥ノ深谷左岸側の登山道

滝を連ねた奥ノ深谷は標高七〇〇m手前あたりで広く緩やかな流れとなり、道はこの七〇〇m地点で右岸へと流れを渡る。丸木橋が流されおまけに水量が多いので迷ったが強引に飛石で渡った。谷は広く緩やかになって植林地となり、道はその山腹に続いている。スギの植林地にはアシウスギの大樹が何本もあるが、植林前なら自然林の中にアシウスギが点在する比良の原風景が見られたところだろう。モミの大樹を過ぎたところで左に小川新道を分け、やがて大橋で谷は二俣となり道も分かれる。大橋にはプレハブの壊れた大橋小屋があり、丸木橋で再び左岸へと渡る。広やかな二俣の大橋は明るくて実に気持ちのいいところだ。左岸山腹からはスリバチの水と呼ばれる湧水が流れ出している。

奥ノ深谷道の光あふれる大橋

右俣の道は南比良峠へ登り、左俣の本流は金糞峠、八雲が原へと至る道がある。ここ大橋はさまざまなルートが行き交う交差点となっている。左俣の広い谷間の道を登って行くと、毘沙門岩という大岩の下を通る。春の陽射しが谷間いっぱいに広がり、林床にはイワウチワの群生が方々に見られた。比良らしい魅力にあふれた道だ。山頂志向が強い昨今ではこのあたりを歩く人は少ないが、谷間や峠を巡る山歩きも楽しいものである。

大橋から三〇分あまり遡ると中峠へと登るヨキトウゲ谷を分け、もうそのすぐ先が金糞峠への分岐となる。奥ノ深谷はさらに広く緩やかな流れとなり、最後は八雲が原の湿原に紛れ込む。八雲が原はY字形をなす比良山系の中心に位置しており、登山道はここから方々に分岐して行く。

●ユーエンコース

八雲ヶ原から武奈ヶ岳へと登る場合、イブルキのコバを経て登る以外にもうひとつ登山道がある。比良スキー場のゲレンデとして使われていた尾根を登って、コヤマノ岳山頂の北に出る積雪期向きのユーエンコースである。ユーエンの名の由来は知らないが、比良スキー場のスキーコースの名前だった。コヤマノ岳の東側の大杉が散らばる見事に成長した杉の斜面で、その緑の斜面にリフトとゲレンデ用の伐り開きがされたところを登って行く。

私は冬のスキー以外では使ったことがなかったのだが、最近になって初めて無雪期にも歩いてみた。上部では道は尾根上ではなく南側の山腹に続いていて、やがて尾根に出ると伐り開かれた斜面を歩くようになる。ゲレンデとして伐り開かれていたので眺望がいいのだが、殺風景だし日当りが良すぎて夏は暑い。イブルキのコバコースと違って一直線のコースなので、コースタイムも短かく下り向きだ。

コヤマノ岳東面。右側がユーエンコース

●小川新道

奥ノ深谷の右岸の大モミ付近からシャクシコバノ頭へと登るコースで、滋賀県庁山岳部によって拓かれた。当時は坊村側から武奈ヶ岳への登山コースとしては、口ノ深谷から西南稜に登るのが一般的で、この小川新道は武奈ヶ岳へのバリエーションコースとして開かれたのだろう。北アルプスで遭難された滋賀県庁山岳部の小川潔氏を偲んで開かれた道で、ケルン状の碑が建立されている。

中峠付近のブナの疎林

登山地図には実線の一般コースとなっているが、道が荒れていたりはっきりとしない部分があり、下りに取る場合は道が分かりにくい。しかし上部のブナ林は美しく、比良屈指の尾根といっていいだろう。

ヨキトウゲ谷道が詰め上がる中峠からブナ林の中をかすかな道が延びており、道からは左前方に堂満岳のピークが覗いている。シャクシコバノ頭に登ると尾根は南西と南東の二本に分かれるが、道は南西側から左に巻くように南東尾根に乗っていく。美しいブナの尾根を下って行くと、背丈の少し上あたりからぽっきりと折れたブナの巨樹の枯れ木と出合う。さぞかし素晴らしいブナだったことだろう。この枯れ木からシャクナゲが茂る急な尾根となり、道は少し分かりにくいところがある。ぐんぐんと下って行きケルンと出合ったところで、右に急傾斜のルンゼ状の道となる。左手頭上のかぶさるような大岩が月見岩である。この下りは流れで削られたザレ場の下りで、とても道とは言えないほど荒れている。アシウスギの大木が点在するスギの植林地に入ると傾斜も緩くなって、奥ノ深谷道の分岐点に出合う。

▼コヤマノ岳モデルコース

さまざまなコースが考えられ、琵琶湖側から西面の坊村へと下る横断コースのタイムを試算したが、昨今の公共交通機関の事情では日帰りはやはり厳しい。結局は坊村から奥ノ深谷道を経て八雲ヶ原からユーエンコースでコヤマノ岳へ登って小川新道を奥ノ深谷道に戻るというコースになった。小川新道の下りでは踏み跡が分かりにくく、ザレ場の急な下りがあるので注意が必要だが、比良らしい良さを味わえるコースとなるだろう。このコースならバスでもマイカーでも可能だ。

コースタイム

坊村（1：15）牛コバ（1：30）大橋（1：30）八雲ヶ原（1：00）コヤマノ岳（0：20）中峠（1：10）大橋（1：00）牛コバ（0：50）坊村

●ヨキトウゲ谷道

大橋から奥ノ深谷左岸に続いていた道が丸木橋で右岸に移ると、左からヨキトウゲ谷が合流する。この谷には流れに沿って中峠への道が上がっている。ヨキトウゲのもとはヨキトギであろう。ヨキは斧、トギは研ぎのことで、斧を研いだ谷。山仕事の道としてよく使われていたルートであった。『比良連嶺』には中峠のことを〝ヨキトウゲ〟ともいうと書かれている。ヨキトギ谷から登る峠の名称が谷名へと変化したのであろう。ヨキトウゲとはいかにも山仕事の人たちが歩いた道の匂いがする名称で、鈴鹿の麓にも斧磨《よきとぎ》という集落がある。

下部は杉林の中を登っており、小川新道とは違って緩い傾斜の谷道だが歩きやすい道だ。最後の中峠への詰めは小さな尾根へと取り付いているのだが、この道を登って行くと古くから歩き込まれた道だということを実感する。尾根に乗ると自然林の中に入り、緩やかに左へカーブを描きながら中峠に登り着く。ほれぼれするような道で、中峠の雰囲気もいい。そしてコヤマノ岳まで美しいブナ林が続いて、西南稜とはまた違った魅力を持っている。私がコヤマノ岳を武奈ヶ岳の単なる前衛峰にしたくない理由がここにある。

春の中峠

●中峠～ワサビ峠

コヤマノ岳稜線の中峠と西南稜のワサビ峠は口ノ深谷を横断して道が繋がっている。三〇分ほどの僅かな道のりである。ワサビ峠は現在T字路で峠道としての役割は失っているが、昔はサンマイ谷から葛川の梅ノ木へと道が続いていた。

登山用の道としてはあまり必要のないコースであ

るが、変化をつけて歩くにはいいコースとなる。私も何度か歩いているが、こんな使い方をしている。正面谷から武奈ヶ岳を往復するとすれば、金糞峠、八雲ヶ原、イブルキノコバ、武奈ヶ岳、西南稜、ワサビ峠、中峠から金糞峠、正面谷へと戻るというルート取りである。ハードだが変化がある比良の良いとこ取りといえるコースとなる。ワサビ峠から中峠の間は口ノ深谷の源流を横断する余計な労力となるのだが、ここは流れも美しく休憩にはもってこいの場所であると同時に、長いコースにだれた気分をピリッと引き締める、スパイス効果がある。

口ノ深谷からワサビ峠は狭い急な谷をまっすぐに登って行く。一方の中峠は斜面をジグザグに切りながら登る道で、対照的な道のつき方となっている。どこも一面の自然林の中で、春の新緑、秋の紅葉には言葉を失うほどの色彩が広がっている。

ワサビ峠から中峠間の口ノ深谷源流

●奥ノ深谷源流の支谷道

奥ノ深谷の右岸のヨキトウゲ谷からひとつ上流側の支谷から、コヤマノ岳頂上付近へと登る道が最近整備されている。金糞峠から奥ノ深谷に下り上流側へと少し遡ったところで出合う小さな谷が登り口で、本流に木橋が架けられて道標もつけられている。谷には数本のアシウスギの大木があって比良らしい様相を見せている。道はそのまま谷を詰めず左に尾根へと上がって尾根道となる。付近は植林もされているので昔から山仕事で使われていたのであろう。なかなか歩きやすいコースである。『比良連嶺』付図にも営林署の小屋があり、尾根のコルを越えてヨキトウゲ谷と結ぶ道が入れられている。

尾根へと出てからは急な道だが、奥ノ深谷から武奈ヶ岳への最短ルートとなるのではないだろうか。登山地図にも載っていない隠れた道だが、今後もっと使われるようになるだろう。また、金糞峠から奥ノ深谷に下りたところから少し下流側からも尾根に道が拓かれていて、同じ尾根に出る。

●奥ノ深谷道(右岸道)

明王谷支流の奥ノ深谷、口ノ深谷一帯は、昔から比良集落の人たちが南比良峠を越えて入っていた。奥ノ深谷は東面の深谷と南比良峠を通じて繋がる、琵琶湖側から見た奥側の深谷ということになる。

旧志賀町と大津市の境界は比良主稜線の南比良峠から奥ノ深谷に沿って下り、大橋の少し下流で右岸側の山腹を辿って口ノ深谷を渡っている。そして御殿山へと上がって西南稜を武奈ヶ岳に至るという、複雑な経路をもって境を分けていた。これは遠い時代からの人びとの生活の歴史が、現在にまで至っているということを教えてくれている。

この両深谷下流の明王谷から白滝谷へと至る本流部は、奥ノ深谷を境とする青蓮院《しょうれんいん》の葛川領であった。中世の「葛川絵図」ではこの本流を瀧川とし、その背後の山を御殿《ごてん》尾《お》、瀧山と呼んでいる。瀧川は天台宗修験回峰行の祖、相応和尚が不動明王を感得した聖地とされ後に明王院が建築された。

明王谷に落ちる三の滝

奥ノ深谷の登山道は、明王谷林道の牛コバから奥ノ深谷左岸側に続いている。葛川の人たちが使った道だったのだろう。この道とは別に対岸の右岸側にも道があり、これが境界となっている道である。

『比良連嶺』にはこの右岸側の道について〝この道はいま大部分廃道にはなっているが、江若鉄道敷設時代に枕木を製造運搬した橇道で、所々昔のままに広くて平坦な道が残っていて、枕木製造小屋の跡もある。大ハシから降ってくる人は、この道へ迷いこむことがあるらしいから注意しておく。〟と書かれている。現在も南比良森林組合のペンキ等の目印がいっぱいあり、道も継続的に整備されて残っているので、今も迷い込む人がいるようだ。

比良のこうした境界の伐り分けの道が気になっていたが、『新ハイキング関西』に小山誠次氏が書かれた「シャ

奥ノ深谷右岸道。この先で道は流されている

クシコバノ頭西南尾根登高」という記録で、境界伐り分け道の道標が奥ノ深谷と口ノ深谷を分ける尾根に立てられていることを知った。

この道標は昭和五九年に設置されたもので、シャクシコバノ頭西南尾根の標高約五九〇m付近にある。道標には四方向の道が表示され、奥ノ深谷方向へは「大モミを経て大橋小屋約一時間三〇分」と境界上の道が表示されていた。大モミとは奥ノ深谷左岸側の道が右岸へと流れを渡った付近にある巨木である。ちなみにこの対角方向は赤テープがべったりと貼られていたが、小山氏の文によると明王谷林道を経て坊村となっているという。またこの表示と交差する道の一方は、口ノ深谷、御殿岩を経て中峠約二時間四〇分、坊村二時間三〇分とあるので、口ノ深谷を横断して御殿山へと続く境界のコースのようだが、現在道はない。その対角の牛コバとあるのは、登って来たこの尾根道のことであろう。

問題の奥ノ深谷右岸の道は、残念ながら道が流されていて歩けなかった。ずっと急傾斜の山腹道なので流されているところが多く、随所にロープが張られている。最初からの二箇所は何とか通過したが、次の浅い谷状の急斜面を渡るところで断念した。年号を記した南比良森林組合の標識を見ると、たびたび整備されているようで、これだけ道が流されたのは最近のようだ。

ちなみにこの右岸道の上流側は、左岸側登山道の奥ノ深谷渡渉点付近から分かれている。道が流されていたのでこちら側からは辿ってみていないが、ここにも南比良森林組合の標識や赤いペンキがあって踏み跡が続いていた。こうした目印が登山者を迷い込ませる原因となっているようだ。

＊林道は一般車通行禁止

武奈ヶ岳《ぶながたけ》△一二一四・四m

〔地図七九頁〕

●イブルキのコバコース ●西南稜 ●細川尾根

標高一二一四・四m。比良山系の最高峰で標高、山容ともに比良の盟主の貫禄を備えた素晴らしい山である。冬に湖西の山に登って比良を見ると、武奈ヶ岳の白く美しい山容が際立っている。山頂が際立って白いのは樹林がないということだが、それは優れた展望が望めることでもある。遠く白山、御岳、乗鞍、北アルプスまで三六〇度遮るものがない大展望。それもただ山また山が重なっているだけでなく、眼下に比良山系の稜線があってその向こうに琵琶湖が開けているだけに、遠近感や立体感のある風景が広がっている。これに雪や新緑、紅葉などが重なれば、晴天で空気が澄んだ日の山頂からの展望はまさに絶景という言葉そのものである。

コヤマノ岳というブナ林が覆う前山があり、スゲ原、八雲ヶ原という湿原、そして八淵滝《やつぶちのたき》、奥ノ深谷、口ノ深谷といった滝を連ねる美しい渓谷が突き上げている。昔、サンマイ谷、貫井《ぬくい》谷、八幡谷などを遡って沢登りの楽しさ教えられたが、やっぱり武奈ヶ岳の頂上に出るというのが良かったのだろう。周囲の尾根や谷は武奈ヶ岳を盟主たるにふさわしくさせる素晴らしい役者が揃っている。春夏秋冬、登山者に親しまれてしかもこれほど手軽に登れる山が他にあるだろうか。

二・五万図には武奈ヶ嶽の文字が当てられている。昔は橅《ぶな》ヶ嶽とも書かれたというが、現在は武奈ヶ岳の文字を当てるのが一般的になっている。

『比良 研究と案内』の付図を見てみると武奈ヶ岳への登山道は現在とはあまり変わってはいない。奥ノ深谷からコヤマノ岳へと登る小川新道がなかったり、西南稜のワサビ峠から今は使われていないサンマイ谷沿いに梅ノ木へと下る破線路がつけられているくらいである。しかし更に遡れば現在は多くの登山者が辿る西南稜も御殿山から下部は道がなく、坊村からの武奈ヶ岳へのルートは口ノ深谷から御殿山、ワサビ峠への道があり、ここから西南稜を辿っている。主峰だけに昔も今もバラエティに富んだルートがあったことは変わりないが、比良ロープウェイが廃止になった現在、武奈ヶ岳への登山の様相も変わってきている。

以前は最も一般的であった、正面谷などの東面からの登山者が減ってきたのに変わって、北のガリバー旅行村から八淵滝山腹を登るコースや坊村の西南稜コースに偏る傾向が強くなった。これには比良ロープウェイ・リフトの廃止やそれによる路線バスの廃止、マイカー登山が増えたこと、また長いコースは敬遠されるようになったことや、よく知られたコースばかりに偏るなど、最近の登山事情の変遷とも重なって出ている結果であろう。特に冬の比良登山では武奈西南稜と蛇谷ヶ峰、蓬萊山の三山に登山者が集中している。寂しいことだがこれが昨今の登山の現実である。

見事な雪稜が続く冬の西南稜からの武奈ヶ岳

●イブルキのコバコース

東面の琵琶湖側から武奈ヶ岳に登る場合、比良川からの道はほとんどが八雲ヶ原に集約される。そして積雪期以外ならイブルキのコバを経由して、コヤマノ岳とのコルから武奈ヶ岳へと登る。イブルキのコバという奇妙な地名が印象に残る、何度も歩いてきたクラシックルートである。

八雲ヶ原は奥ノ深谷の源流をなす標高九〇〇m付近に湿原が広がる山上の別天地。もし道もない山上でまったく自然なままのこんな湿原に出合ったらどんな気持ちで向かい合うだろうか。神々しいとはこんな姿を言うのであろう。しかしスキー場が開発され、それが閉鎖された八雲ヶ原は、戦火の後の焼け跡のような寒々とした姿にしか見えない。スキー場がなくなった今、何もかもが白く覆い尽くされる冬だけが原生の風景に近づくのではないだろうか。

冬の武奈ヶ岳頂上

イブルキのコバへの道はコヤマノ岳へと延びているゲレンデ跡から右の林の中に続いている。ここは河川争奪の跡だけに二・五万図を見ても等高線が微妙に広がっており、ゲレンデから林の中に入るともうここは八淵の滝へと流れ込む源流域となる。コヤマノ岳からの緩やかな支稜を切れ込む浅い流れをいくつも渡りながら行く道で、流れの音が響く林の中の心地よい道である。イブルキのコバはそんな流れが落ち込む中の小さな平地で、数本の大杉が立っている。右に行けば広谷へと下り、左へ谷を登って行くと武奈ヶ岳直下のコルへと詰め上がる。昔、北比良の人たちが広谷へと入った道なのだろう。味わい深い道である。

ここはやはり春と秋がいい。春の緑、夏の深緑、秋の紅葉、林の中を歩いていると深い山にいるなあという気分になる。こんなところに山小屋があったらと誰だって思うだろう。しかも比良最高峰を望む場所である。比良を愛する人びとが望武小屋を造った気持ちが、今も伝わってくるようなところである。

　小さな谷に沿って道は登って行きやがて尾根へと移ってコヤマノ岳とのコルへと出る。ここはもう武奈ヶ岳のすぐ下で、頂上にいる登山者の動きも見えるところである。灌木の原から丸いドームへとガレが掘れた道を登ると西南稜に合流して右にわずかに進むと頂上に着く。

アシウスギの立つイブルキノコバ

●西南稜

西南稜に登山者が偏りすぎていると書いたが、この尾根が素晴らしいコースであるということには異論はない。紅葉期、積雪期のこのコース良さは一度この尾根を歩いてみればすぐ分かることである。西南稜は御殿山というピークを経由して登るので、御殿山コースとも呼ばれている。

　昔の案内書を読んでいると西南稜へは明王谷右岸のオナゴ道からシラクラの壁の松のコバを越えて口ノ深谷に下り、谷をしばらく遡行してから西南稜の御殿山付近へと登っている。口ノ深谷付近では炭焼きが行われていて、その道が使われていたのだろう。現在の明王院からのコースは比良山荘の伊藤萬次郎氏によって拓かれた道で、取り付きは急登だが口ノ深谷を経由して登るよりはるかに歩きやすいコースである。この新コース開拓やロープウェイの開通によって武奈ヶ岳登山も大きく変わったのである。

　晴天が約束された週末の雪山、坊村からの登山道はガチガチに凍っていた。相当激しい通行量なのだろう。久々の冬の西南稜だった。

アイゼンは持っていないので慎重に登った。踏まれていない雪面も締まっていて快適な登り。植林地を登りきると八〇〇ｍ手前付近で美しい自然林の中に入った。締まった雪に気を良くしてぐんぐんと登って行くと雪の量も増えてゆく。標高八五〇ｍ付近を過ぎると夏道は東側斜面を九五〇ｍあたりまでトラバースしているが、雪のこの季節は尾根をそのまま登っていく。

御殿山に登ると西南稜が武奈頂上まで開け、大きな展望が望めるようになる。大きな木もなくなり見事な雪稜が頂上まで駆け上っていた。この風景が登山者を惹き付けており、紅葉期には素晴らしい彩りが広がる斜面でもある。こういう稜線は比良ではここか蓬莱山付近だけだろうか。

西南稜の御殿山の下

右に口ノ深谷の源流が広がり、コヤマノ岳のブナの山稜が並行している。振り返ると次々と登山者が続いているのが見えている。この雪稜を登りきるとコヤマノ岳からの尾根と合流して頂上へと出る。山頂からの展望も比良随一だ。白山、御岳から乗鞍、北アルプスと遮るもののない三六〇度の展望が広がる。西側に

秋の西南稜

京都北山の限りなく波頭のような山々の重なりが望める。眼下に琵琶湖を眺めながらのひと時は、最良の時間となることだろう。

▼武奈ヶ岳モデルコース

正面谷から金糞峠に登り、奥ノ深谷から八雲ヶ原、イブルキのコバを経て武奈ヶ岳へ。下山は西南稜を下るという比良を代表するクラシックコースで、四季を通じて登られている。他にはガリバー旅行村からの八淵の滝コースも人気がある。

コースタイム

JR湖西線比良駅（1：00）イン谷口（1：50）金糞峠（0：40）八雲ヶ原（0：20）イブルキのコバ（1：10）武奈ヶ岳（0：20）ワサビ峠（1：20）坊村

●細川尾根

武奈ヶ岳山頂の北側から西に、麓の細川に向かって一本の尾根が延びている。この尾根に道が続いているのはあまり知られていない。昔、サンマイ谷、貫井谷、八幡谷などへ沢登りで武奈ヶ岳まで登ると、いつもこの細川尾根を下ったものだった。最近は歩いたこともなかったが、冬に西南稜から頂上に登った時に、久しぶりに細川尾根を下ってみた。

踏み跡があり標識も付けられているのでルートとして使われているようだが、歩く人は少なく昭文社の登山地図には登山道は印されていない。一直線に下っているので下降路としては最適で、特に積雪期は最短のルートとなるので、もっと利用されてもいいと思うのだが、急斜面の尾根なのでルートの確認は慎重を要する。両

灌木の中を下る細川尾根上部

側は貫井谷、八幡谷の嶮しい谷なので、特に積雪期は確実な地図読みが必要となる。

尾根にはかすかなワカンの踏み跡が続いていたがほとんど消えかけていた。GPSと地図を確認しながら下って行くと、登ってくる単独の登山者と出会った。こうなればしめたもの、もうあとはこの踏み跡を辿って行けばよい。尾根は急だが大きなブナが続いていた。いいコースである。登山地図に登山道を入れればもっと歩く登山者も増えるだろうし、バラエティに富んだ山歩きが楽しめるようになるだろう。

尾根の末端は杉の植林地となっている。昔田んぼだったところに杉が植林されているのである。杉林の中は暗く死んだように静まりかえっていた。昔はどんな風景が広がっていたのだろうか。きっと明るい棚田が広がり、人びとが田んぼに出て声がいつも聞こえていたのではないだろうか。時間を遡ってみたいものである。現在はこのあたりヒルの出没がすごいようで、暖かい時期は避けた方がいいようだ。

下の国道が見えるところまで下ると、杉林の中を貫井方向への道を辿って国道へと出た。頂上からゆっくりと下って一時間四五分だった。

＊林道は一般車通行禁止

比良の四季

9月～2月

山スキーで蛇谷ヶ峰頂上直下を登る

上／荒川峠付近からの琵琶湖の眺め。こんな素晴らしい眺望は比良ならではのもの
下／国道161号の志賀付近から見上げる比良

9月

烏谷山

比良の稜線からは眼下に素晴らしい琵琶湖の広がりが眺められるポイントがいくつかある。そんなところでこんな琵琶湖に出合った日には最高だ。山を下りてからも真っ赤に群生したヒガンバナ越しに見上げる山が眩しく光り、今日一日気持ちのいい山歩きだった。

上／コヤマノ岳のこれぞ比良の紅葉
下左／紅葉の荒川峠道でのいっぷく
下右／金糞峠直下の奥ノ深谷源流で
テントを張った

10月

コヤマノ岳 武奈ヶ岳 堂満岳

荒川峠から縦走して源流に下り、テントを張って一夜を過ごした。比良の山で寝たのは何年振りだろうか。翌日、武奈から坊村へと、紅葉を愛でながら比良を横断。本当に近くていい山だと思った。

右／八淵谷は七遍返しを過ぎると谷が広がって穏やかになる。
左／オガサカ道は最後は谷の源流を登る。小さな流れに差し込む秋のスポットライト

11月

カラ岳

大きな滝を巻き、青みどりの淵をからんでは、流れを遡って行く。澄んだ空気の中をはらはらと舞い落ちる葉。林の中も随分と明るくなった。もう流れを渡るにも石を飛ぶこともなく、靴を少々水に落としてもどうってこともない。光が反射する小さくなった流れをまたいで行くと、稜線はそこに見えた。

これだけ水と親密になれたのにと思うと離れるのが寂しくなった。

上／晩秋の比良主稜線北稜。923m峰付近
下／アラ谷右岸尾根を登るとナメコがいっぱい。
　　でももうこの寒さでしなびていた

11月 ツルベ岳

稜線は葉が落ち寒々しい褐色に沈んでいた。ついこの前にきた時には、明るい光が鮮やかに色付いた木々の間を通していっぱいに差し込んでいたのに。雪が覆うまでの束の間の装いだと思うと、こんな枯れた風景にも愛おしさを感じる。

上／岳山頂上の元嶽岩屋観音。大陸文化の影響を受けたような雰囲気だ
下／岳山登山道の登山口の観音さま

12月

岳山
鳥越峰

岳山山頂に石室があって、元嶽岩屋観音という石の観音さまが祀られている。いつ頃祀られたものなのだろうか。石で組んだ祠というのはあまり見ないが、何ともいえないいい雰囲気である。遠く古代の人びとにまで遡る風景を見ているようだ。

初冬の主稜線登山道の荒川峠付近。空気が冷たくて気持ちがよかった

12月

烏谷山

南比良峠から荒川峠、葛川越、木戸峠と続く主稜線、比良では好きなところだ。

眼下に見下ろす琵琶湖の眺めもいいが、雑木林の中に続く比良らしい、カラッと明るい道の雰囲気が気に入っている。

上／植谷峠への稜線はすっぽりと雪の中。ラッセルが深くてあきらめた
中／冷凍庫の中のような大野の集落
下／スノーシューを脱いでほっとひと息

1月 蛇谷ヶ峰

ドカ雪の直後、朽木の大野から植谷峠、蛇谷ヶ峰へと続く尾根を登った。植谷峠までも届かなかったが、雪に埋まった山の美しかったこと。一日を終え、スノーシューをはずした時の心地よさは何とも言えなかった。

上／自然林が美しいコヤマノ岳斜面。
下／武奈ヶ岳頂上から。第一級の展望だ

2月

武奈ヶ岳

雪の西南稜からの武奈ヶ岳。雪山の山頂に立ったという満足感を与えてくれる。武奈ヶ岳は標高だけでなく、すべてにおいて比良の頂点に立つ山だと思う。

比良山系 北部

ツルベ岳

地蔵山

蛇谷ヶ峰

阿弥陀山

釈迦岳・カラ岳・ヤケオ山

ヤケ山・滝山

岩阿沙利山・嘉嶺ヶ岳

岳山・鳥越峰・見張山

秋の八淵の滝 大摺鉢

ツルベ岳《だけ》・一〇九八m

〔地図九七頁〕

●八淵滝道　●九二三m峰西尾根（イクワタ峠）　●ナガオ

比良の盟主、武奈ヶ岳《ぶながたけ》とその北にあるツルベ岳。周囲の山から見る両山の釣尾根状に連なったバランスのとれた山容に魅きつけられる。ツルベ岳の山名はその釣尾根（ツリオネ）からツルネ、ツルべと変化しているのではないかと思えるのである。それほど両山の一体となった姿が印象に残っている。

武奈ヶ岳とは標高においては一〇〇mあまりの差しかないのだが、登山の対象としてはスケール以上の差として見られているのではないだろうか。しかし北山稜やリトル比良など北側のさまざまな処から見るツルべ岳の姿にはひき付けられるし、存分に魅力を持っている山だと感じているのだが、それがあまり認められていないという思いがしている。山容は整っているし、南にナガオが堂々と尾根を延ばし、スゲ原という広い谷間を擁して武奈ヶ岳と対峙している。確かに武奈ヶ岳の山頂付近は際立った姿をしているが、山は山頂という点だけでなく、点と線で結んだ面を組み合わせた立体として捉えないと意味がない。スゲ原という湿原を擁し、ナガオには杉の巨樹が点在し、そのナガオの喉元には滝、トロ、釜、ナメを連ねる、八淵滝《やつぶちのたき》という渓谷を磨いている。ツルベ岳の魅力はこれで充分であろう。

ツルベ岳と武奈ヶ岳の間に広がるスゲ原の湿原に終戦直後、滋賀刑務所比良農場がつくられていた。塀のない中間刑務所と呼ばれるもので、野菜の耕作や炭焼きが行われ、最盛期には一〇〇人以上が生活していたという。食糧難時代のことだからであろうが、今では考えられないことである。

ツルベ岳への登山道は八池《やち》谷の八淵滝山腹道があり、広谷から細川越を経て稜線を辿るコースと、広谷へと越すところからナガオをそのまま頂上まで登ることもできる。ナガオにははっきりとした登山道ではないが、踏み跡程度の道が存在している。またツルベ岳の北にある九二三m峰から葛川《かつらがわ》の栃生《とちゅう》へと延びる尾根に道があり、地蔵峠、ササ峠などへと峠道が分岐しているが、ツルベ岳を目指して登るならこの九二三m峰を経て登るのが一般的なコースとなっている。西南稜を登って武奈ヶ岳からツルベ岳、九二三m峰へと、比良主稜の北山稜を縦走して栃生へと下れば、西南稜を往復するより更なる充実したコースとなるだろう。

豪快に水を落とす八淵谷の貴船の滝

武奈ヶ岳頂上からのツルベ岳とスゲ原、ナガオ。遥か遠くに白山が浮かぶ

●八淵滝《やつぶちのたき》道

八池谷《やちだに》は鴨川源流をなす谷で、明王谷源流の八雲ヶ原と接している。もともとスゲ原が奥ノ深谷へと流れていたのを八池谷が奪い取る河川争奪が行われた地形だという。比良を代表する風景である八池谷の核心部の八淵滝や八雲ヶ原はそんなドラマチックな大地の営みによって生み出されたのである。

比良は沢登りを楽しむ谷が多くあるが、渓谷美を兼ね備えた谷として八淵滝が最も優れた谷といえるだろう。ガリバー村から登るコースは流れに沿って滝の横などを登って行く遡行コースと、大摺鉢《おおすりばち》という滝の手前から山腹を辿る二つのルートがある。

遡行コースは魚止めの滝から谷に下りる道がある。魚止めの滝から七遍返《しちへんがえ》しまで、流れに沿った核心部を登るコースとなっており、沢登りに近い感覚が楽しめる。くさりや釘が滝横に整備されて登れるようになっているが、流れを何度も渡ったり、くさり、釘を使っての登りが続く滑りやすいコースで、特に貴船の滝は垂直の岩場でハシゴと鉄釘を使って登るルートとなっているので、細心の注意が必要だ。登山靴では滑りやすく、山慣れない人は避けたほうがいい。

貴船の滝をすぎると道は分かりにくくなっている。八淵谷の核心部も過ぎて山腹道への連絡路があったりするので歩く人も少なくなるのであろう。七遍返しを左岸側の滝横の岩場をへつって抜け広い河原に出ると、オガサカ道分岐があり、さらに谷に沿って登ると、尾根に取り付いて八雲ヶ原の旧比良スキー場に出る道とに分かれる。オガサカ道は次郎坊に至るが、ツルベ岳へは七遍返しを過ぎたあたりから右の斜面に旧滋賀郡の郡界尾根に伐り開きがあるので、この踏み跡を登ると山腹道と合流できる。

八淵谷道を下る場合はこの郡界の伐り開きや貴船の滝の上に山腹道への連絡路があるので、滝の難所を避けて下ることができる。

山腹道コースはよく踏まれた道で、

魚止めの滝

障子ガ滝

大摺鉢

屏風ガ滝

七遍返し

リフト・ロープウェイが廃止になって以後、ガリバー青少年旅行村からこの道を使って武奈ヶ岳へと往復する人が多い。大摺鉢で流れを渡り、支谷を遡ってからあとは山腹の道を辿ってナガオを越えて広谷へと下る。ここからイブルキノコバへ登る武奈ヶ岳へのコースもあるが、ツルベ岳はスゲ原から細川越へ出て、主稜線を登ってツルベ岳の頂上へと出る登山道がある。

　細川越は『ヤマケイ関西　京都北山　比良山』の朽木山行会の中野弘氏「奥比良の古道」によると、細川の人たちの山仕事用の道で、スゲ原でのスギの種子の採取や、筏の結束に利用するねそ（マンサク）を切りに峠付近まで登ったことから、別名〝ねそ切り道〟といわれたという。今では細川側の道は残っていない。

　八淵滝道は二〇一一年の秋現在、豪雨で大摺鉢の手前で道が流されて通行禁止になっている。通れないことはないが、このまま改修されなければ山腹道も荒れてくるだろう。

スゲ原の秋

●九二三m峰西尾根（イクワタ峠）

　地蔵峠、ササ峠を分けて九二三m峰に登るこの尾根はササ峠分岐まではササ峠の項（一〇三頁）で紹介している。二つの峠道が分かれる尾根道でしっかりとした歩きやすい道が続いており、朽木側から北稜へと登れる貴重なコースとなっている。

　積雪期に歩いたが取り付きの栃生《とちゅう》から踏み跡はなく、前日降ったばかりの雪に苦しめられて、ササ峠の分岐までのラッセルの長かったこと。しかしここをすぎるとブナやミズナラが混じり、里山的景観から抜け出し次第に雰囲気が変わって登高の意欲も高まってくる。標高八五〇m

923m峰からのツルベ岳

くらいから尾根はぐんと白さを増してきた。以前はこのササ峠分岐から上部は笹藪だったのだが、朽木山行会によって主稜線まで道が拓かれている。これによってツルベ岳もぐんと登りやすくなり、登山道としても大きな役割を持つようになった。

登り着いたところが九二三m峰で、ツルベ岳へと東側に雪庇を連ねた稜線が突き上げている。このピークの南のコルがイクワタ峠だと思っていたのだが、無雪期にここに倒れて木にもたれかけてあった道標を見ると九二三mイクワタ峠とされていた。

イクワタ峠とはこのピークを指すのだろうか。そして峠道はどこにあったのだろうか。そもそもイクワタ峠とはどのような目的の峠なのだろうか。などなど、疑問が湧きだしてきたのだった。

イクワタ峠は栃生から九二三m峰に登るこの尾根から登って栗木田谷《くりきだ》側へと下る峠道だと思っていた。しかしそれならササ峠、地蔵峠があり、これだけの高所を越える必要はない。だとすれば集落間を繋ぐ峠道ではなく、単なる山での仕事道として主稜線を越える道であったのだろう。

資料をあたってみると『比良 研究と案内』の付図に、朽木《くつき》側の細川の背後のアラ谷左岸側の尾根からアラ谷下部を横切ってアラ谷右岸の尾根を登り、ハタケ谷の源流部をトラバースして九二三m峰の南のコル付近に登る道が書かれている。しかし峠の向こうの栗木田谷側には道は入っていない。

この道を確かめたくて晩秋の一日、アラ谷右岸尾根を登ってみた。細川に流れ落ちるアラ谷に沿ってしばらく登ってから尾根へと登って行く。かすかな道で尾根へと登るところに炭焼き窯の跡があった。標高六五〇mあたりまでは急登続きで、主尾根に乗ってから北のハタケ谷側にトラバースしている道がないか見ながら登って行った。トラバースする道があるなら八五〇～九〇〇mあたりかな思いながら登ったのだが、結局巻き道には出合わずに稜線まで上がってしまった。この尾根は下から上まで植林されているので藪に煩わされることもなかった。途中、びっしりとナメコがついた立ち枯れのミズナラが何本もあったが、少し食期が過ぎている。

稜線を歩いて九二三m峰からその南のコル付近を見たが道があった様子もなく、イクワタ峠道の追跡も不発に終わった。やはり栃生からの尾根がイクワタ峠道となるのだろうか。

栗木田谷側からのイクワタ峠への道はあるのか、ないのか、それを知りたくて黒谷側からの道も探ってみたのだが、結局は分からずじまい。とはいってもひとつの尾根を仮想コースとして一度歩いてみただけなので何とも言えないのだが。

コースは登山地図に栗木田谷の林道終点から金山谷左岸に破線が入っている尾根で、ひょっとしたらこれがイクワタ峠道かもと歩いてみた。

栗木田谷本谷と金山谷が合流するところに堰堤が築かれていて林道はここで終わっている。この林道終点と取り付き点は昭文社の地図の位置とは少し違っているが、この林道終点から金山谷左岸の尾根に、昔からの道が続いているのでこれを辿った。しかし途中の炭焼きの窯跡付近まで昔の道跡が続いていたのだが、上部は登るにつれ道は怪しくなっていく。仕事道として歩かれていたことには違いがないが、イクワタ峠道というには疑問を感じた。そのまま尾根を登ると九二三m峰の東のコルに登り着く。稜線の下は美しい雑木林が広がっており、木には目印のテープがついていた。登山地図に破線が記されているのでこの尾根を歩く登山者もいるのだろう。

微かな道が続く金山谷左岸尾根の 923m峰の下付近

イクワタ峠とは関係がないが、イクワタ峠探索の折にツルベ岳のすぐ南のピークから細川へと延びているアラ谷左岸の尾根を下ってみた。『比良 研究と案内』に細川尾根から八幡谷を横断してこの尾根に上がっている道が記されていたので気になっていた尾根で、下って行くと尾根はかすかな道らしきものはあったが、昔を偲ばせる道は残っていなかった。残念ながら八幡《はちまん》

北主稜縦走路のツルベ岳直下のブナ林

谷を横断する道も発見できなかったが、藪もなく快適に歩ける尾根だった。

細川から栃生にかけて北稜へと登山道のない同じような三本の尾根が登っている。どの尾根も急峻できついが、快適に歩ける尾根であることが確認できた。落葉期や積雪期の特に下りの最短コースとしてもっと活用されてもいいのではないかと思う。

▼ツルベ岳モデルコース

ガリバー青少年旅行村からの八淵谷山腹道は、Y字形の北と東の両山稜の間を流れ下る鴨川源流を遡り、比良山系の中心部に至る大動脈といえる道である。これを北山稜の細川越へと登り、ツルベ岳、九二三m峰と縦走し、その西尾根を下って朽木の栃生へと出るコース。山頂は地味だが、八淵谷、スゲ原は比良の魅力を存分に見せてくれるだろう。八淵谷道の谷コースは山に慣れた人向きなので、気軽に取り付かないようにしたい。

コースタイム

ガリバー青少年旅行村（0：40）大摺鉢（1：20）広谷（0：40）細川越（0：30）ツルベ岳（0：30）九二三m峰（1：30）栃生

●ナガオ

ナガオはツルベ岳から下っている尾根で、八池谷が鉤状に曲がったその屈曲部へと延びている。武奈の山頂から見てもまっすぐに長く尾を引いたその名の通りの単純な名称に親しみを感じていたし、ずっと気になる存在だった。

ナガオという地名については『比良連嶺』を読んでいると鴨川の上流という項に出てくる。それによればナガオはこの尾根全体を指す地名ではなく、尾根上の一部分の名称のようで、末端の広谷へと下る手前付近を指す地名として書かれているのだが、現在は全体を指す名称として記入されている。

ナガオのヌタ場

歩いてみるとナガオは北比良区（旧滋賀郡）の境界となる伐り分けの道が続いていた。江戸期には鹿ヶ瀬村と境界をめぐって山論となっているのだが、こうした江戸期の山論の決裁の結果が境界として現在に至っているのであろう。

境界の伐り分けはそんなにはっきりとしたものではないが、北比良森林組合の標識が方々に付けられていて、初秋の残暑の季節にもかかわらず、藪の苦もなく歩けるコースであった。

杉が数本立つツルベ岳頂上から少し下ると北側斜面が開けていた。リトル比良の山々、高島の平野部の向こうに琵琶湖、そして湖北の山々の連なりを鳥瞰する眺めが見事だった。広葉樹の疎林でヌタ場などがあり野性的な雰囲気の期待通りの尾根で、武奈ヶ岳から眺めていても紅葉期などは素晴らしい彩りを見せてくれるところである。

尾根は小さなアップダウンを繰り返しており、大きな枝尾根もなく分かりやすいが、最後の末端部で支尾根をいくつにも分けるので、うまく八淵滝山腹道に合流できるように注意しながら下りた。末端部付近では何本もの立派なアシウスギを見ることができ、頂上から末端まで、比良らしい静かで味わい深い尾根だった。

地蔵山《じぞうやま》△七八九・七m

〔地図一〇五頁〕

●地蔵峠道　●地蔵山西北尾根　●ササ峠道　●シロタ谷峠道

比良主稜をY字形に分ける東山稜は鵜川越では標高五五〇mくらいまで高度を落として南半部よりスケールは小さくなる。しかし尾根は明るく地形的にもガレや岩場、岩峰が続いて変化があり、スケールが小さくても、いわゆる比良らしい風景が展開しており、リトル比良と呼ばれて多くの登山者に親しまれている。

一方、この東山稜と鴨川源流を挟んで向かい合う北山稜は、武奈《ぶな》ヶ岳《がたけ》から次第に高度を落として地蔵山の北の横谷峠で最も低くなるのだが、東山稜よりも一〇〇mほど高い高度を保って、ここから九〇一・七mの蛇谷ヶ峰まで再び高度を上げて行く。この北山稜のツルベ岳から北、蛇谷ヶ峰の須川越（ボボフダ峠）あたりまでの、地蔵山を中心とする山域は、植林地が多くて山稜は地味で変化に乏しく、登山者にはあまり人気がない。東山稜のリトル比良とは対照的である。

地蔵峠にはその名の通り石仏が祀られている

しかし山頂に立つという面だけで捉えれば、魅力に欠けるところがあるかも知れないが、コメカイ道などの古い峠道が山稜を越え、西側には畑の棚田が開けている。こんなにも美しく魅力的な風景があるだろうか。

畑の棚田は日本の棚田一〇〇選にも選ばれている。山と人との関わりから生まれた風景こそが、低山を歩くには見逃すことができない山の魅力であろう。緩やかな斜面に広がる棚田は、この田んぼだけで成り立ってきたのではなく、水を生み出し、肥料となる柴や落ち葉などを採取する、後背の山とが一体となってこそ始めて成立していた。また栗や栃などの木の実や山菜、イノシシ、シカ、クマといったケモノなど、食料採取の場としても山と人とは密接な関係を続けてきたのである。

そんな遠い昔へと遡る風景の中を歩くことこそ、低い山を歩く悦びにほかならない。少し見る角度を変えて山歩きを楽しんでもいいのではないだろうか。

林道鵜川村井線から見下ろす畑の棚田。遠くに伊吹山が見える

●地蔵峠道

畑の棚田の道を登って行くとやがて田んぼは終わり、鹿除けの金網柵の扉を開けて杉林の中に入る。道は杉林の石垣の間を登っていくが、ここも昔は田んぼだったのだ。畑の棚田も以前はもっと広かったことが分かる。

林道を横切ると眼下には棚田の風景が広がった。琵琶湖まで望める素晴らしい眺望だ。水が張られた田植えの頃は瑞々しいうるおいのある色彩となるのだろうが、いまは稲刈りもほとんど終わっており、そっけない色彩が広がっていた。もう少し早くくれば黄金色が波打つ棚田が見られたのに残念だ。

石垣が組まれた杉林の中の棚田跡

植林地の中の道はやがて雑木林の道となる。この林もかつては薪炭林として使われ、多くの人が歩いた道は深く掘り込まれていた。道だけ見ていると単調な線を描いて登って行くだけだが、周りの木々などの自然や炭焼きの窯跡などを一体として見ると、往時の峠道が甦ってくるようだった。

地蔵峠までしっかりと踏まれた道が続いていたが、この道は登山地図には記載されていない。西側は峠のすぐ横に造林公社の林道が通っており、付近は植林地となっていて栃生《とちゅう》への峠道は消えかけている。林道は朽木側の村井から横谷に沿って入る林道鵜川《うかわ》村井線から分岐しており、分かれてから横谷の左岸側の尾根を地蔵峠に上がって稜線の西側を通り、ササ峠から東へ尾根を少し下ったところで終わっている。

峠にはその名の通り松の根方に石仏が祀られており、自然の風景としても違和感なく溶け込んでいる。峠から南へ稜線を僅かに登ると地蔵山の頂上に出る。頂上は琵琶湖側の展望が開けていた。

中野弘氏による前出の「奥比良の古道」の地元の方の聞き書きによれば、地蔵峠の項では古老の話として〝筏師達が安曇《あど》川を筏で河口の舟木に下り、帰路は高島町を経由してこの峠で休憩し、村井と栃生に分かれて帰ったという。〟と書かれている。村井へは林道が通る西北尾根を下り、栃生へは地蔵峠道を帰ったのだろう。この文章は比良の山麓に暮らした人びとの貴重な記録といえるだろう。

　峠の朽木《くつき》側は林道を横切って杉林の中を谷の流れまで下って行く。以前は朽木側もしっかりとした道が続いていたのだが、ここ数年でめっきり荒れてしまった。この朽木側の峠道は登山地図では破線路として記載されている。この道がコメカイ道とも呼ばれた朽木と鹿ケ瀬《ししがせ》を結ぶ峠道である。山の人びとが平野へと米を求めた道となったのだろうか。これらの峠道は戦後にはヤミ物資を運ぶルートとしても使われたという。

朽木側はトチの巨木が続く山腹道

　流れに沿って下り、途中から山腹の道となった。かすかな踏み跡で慣れていないと分かりにくい道である。急な斜面に続く峠道にはトチの巨樹が並んでおり、比良ではなかなか見られない風景となっている。峠道は物品や情報の交流だけでなく、このトチの実を採取する道でもあったのであろう。

峠道から見るヒジキの滝

　道は山腹を辿り栃生から九二三m峰へと登る尾根の途中、標高五六〇m付近で合流している。この分岐の道の入口は枝を積んで通らないように塞いであった。この付近は登山地図ではホトラ山という山名が入っている。ホトラ山とは田んぼの肥料となる厩肥の材料となる草などを刈る場所となっていたところで、この一帯が草刈り場となっていたのだろう。化学肥料へととって代わった現在は植林地となっている。

▼地蔵山モデルコース

地蔵峠から朽木の栃生へと越えるコースを設定してみた。朽木側の峠道はトチの巨樹が並ぶ素晴らしい道だが、峠から朽木側が分かりにくくなっているので、山慣れない人は西北尾根から村井へと下るコースをとる方がいいだろう。マイカーで畑から周回したい場合は、これもベテラン向きとなるが、地蔵峠道で九二三m峰西尾根に出て、尾根を登り直してササ峠道へと入り、ササ峠に出てから北主稜縦走路を地蔵峠まで歩いて、峠から畑へと戻るという周回コースが面白い。

コースタイム

畑（1：20）地蔵峠（1：30）九二三m峰西尾根地蔵峠道分岐（0：40）栃生

●地蔵山西北尾根

ササ峠から稜線すぐ下の西側斜面に主稜線と並行しながら地蔵峠まで続いてきた林道は、地蔵山西北尾根を下って最後は林道鵜川村井線と合流している。林道は造林公社の植林地の管理用の道で一般車は通行禁止となっており、急な斜面では山腹を折り返して尾根に戻っては最後まで尾根上に続いている。登山地図にはこの林道は記入されていないが、林道に並行するように登山道が続いている。

登山道は朽木山行会によって拓かれたものだが、「奥比良の古道」に中野弘氏が、「筏師達が地蔵峠から村井と栃生に分かれて帰った」と書かれているように、地蔵峠から村井に下る峠道が昔からあったのであろう。

道は部分的に林道を歩いたりしながら並行しているが、あまり歩かれていない。並行して林道があるので登山コースとしては面白味のないコースとなるが、地蔵山やこの周辺の峠道を歩く場合には、下降路などとし

林道沿いに続く西北尾根

て貴重なルートとなるのではないだろうか。積雪期においても安全確実な使いやすいルートとなっている。

●ササ峠道

朽木栃生から登る地蔵峠、ササ峠と道を分ける九二三m峰へと登る尾根道は、現在は植林地を手入れする山仕事の道として使われており、よく踏まれている。最近はヒルが多くなったので、下部では注意を払った方がいいだろう。

栃生のバス停前から谷へ向かう車道に入り、最奥の家から細い山道となる。斜面をジグザグに登って尾根に乗り、後は尾根をまっすぐに登る分かりやすい道で、主にツルベ岳への登路として使われている。

ササ峠について「奥比良の古道」に『高島郡誌』の記述として〝朽木側を畑平兵衛、高島町側を黒谷半右衛門が私財を投じて開通させ、木炭、杉皮、細工物、板、杭等が、高島の港があった大溝町から出荷された〟と書かれている。峠道を登り始めるところに碑があるが、これは朽木側栃生の沖の石平太夫(畑平兵衛)の功労をたたえるものだという。ササ峠の名は栃生側の呼名で、黒谷では新道峠、栃生越と呼ばれたという。

尾根はアカマツを主体とした雑木林と植林地が入り混じっている。地蔵峠道の分岐をすぎ、ホトラ山を越えてさらに登るともう一度左に道を分ける。はっきりとしたコルで標高七三〇mあたり、ここがササ峠への道の分岐である。

ササ峠道も地蔵峠道と同じく尾根や谷でなく山腹を辿る道で、支流を渡るところで道が崩れて荒れている。この道も登山地図では破線の道で、谷を渡るところの三箇所ほどが分かりにくいが、対岸の斜面をよく見れば道を見つけ出すことができる し、目印の赤テー

ササ峠朽木側の尾根から分岐するところ

プなども付けられている。

峠道が主稜線に近づくと主稜線は九〇度東に曲がっていて、北西に大きな支稜を延ばしている。ここは主稜線の北山稜が曲折し複雑に分岐しているところで、峠道はその分かれた大きな支稜の山腹を巻いてからササ峠に出ている。峠には地蔵峠から稜線西側に並行して続いてきた林道が栗木田谷側へと下っているが、稜線のすぐ下で終わっている。

一方、ササ峠道は鹿ヶ瀬側まで林道が越えて分かりにくくなっているが、東に延びた大きな支尾根（途中でシロタ谷峠が越えている）に掘り込まれた道が下っている。これが峠道だったのであろう。この道は尾根の途中で南側の手越谷へと下って行き、最後は鹿除けのネットを潜って栗木田谷の林道へと出たが、現在尾根はほとんどが植林地となっており、山仕事の現役の道として使われている。しかもその道がいくつにも分岐しているので、手越谷へと下る付近からは往時の峠道とルートは違っているかも知れない。どの道が昔の峠道はもう分からなかった。

●シロタ谷峠道

シロタ谷峠とは栗木田谷と畑とを繋ぐルートで、今はもうまったく歩かれていない。栗木田谷側の道のあるイン谷は現在は植林地となっているが、谷は峠に至るまで石垣が組まれていた。棚田がずっと広がっていたのだろうが、これだけの杉林の中にいると、当時の風景はまるで想像できない。畑側も峠直下は緩やかな谷の広がりで棚田跡が続いていた。明るい棚田の広がりが続いていて、あぜ道として峠を越えていたのであろう。

栗木田谷は八池谷と分かれて林道が奥深くまで続いている。林道は堰堤建設のための道だろうが、この栗木田本谷沿いも棚

杉林に覆われたシロタ谷峠の畑側の道

田跡が続いていた。谷深く続く棚田は隠し田であったといい、八池谷、栗木田谷に沿って農作業に通う道が延びていたのであろう。

栗木田谷林道のイン谷出合には橋が架かっている。この橋を渡ったところにイン谷沿いに広い道が延びていて、これに沿って登って行くと棚田跡の石垣が続いている。石垣を縫いながら登って行く道はまさに田んぼのあぜ道で、歩きやすいところを登って行くだけだが、道といってももうまったく分からなくなっており、途中でうっかりと手越谷へと間違って入ってしまった。手越谷を通るササ峠の道とも一体となっていたのだろう。

峠まで棚田跡があり峠は緩やかに広がっている。峠を越えて畑側へと棚田跡が続いているが、やがて谷は狭まってくる。狭い谷となってから昔の峠道が現れ、流れ横の車道に出ると畑の田んぼの明るい風景が広がっていた。

峠道も昔はずっとこんな明るい谷間を登って行ったのだ。僅かな年月が光を閉ざしてしまったのである。無数の石を積み上げた棚田はどれだけの労力と、そしてどれだけの月日を必要としたのだろうか。

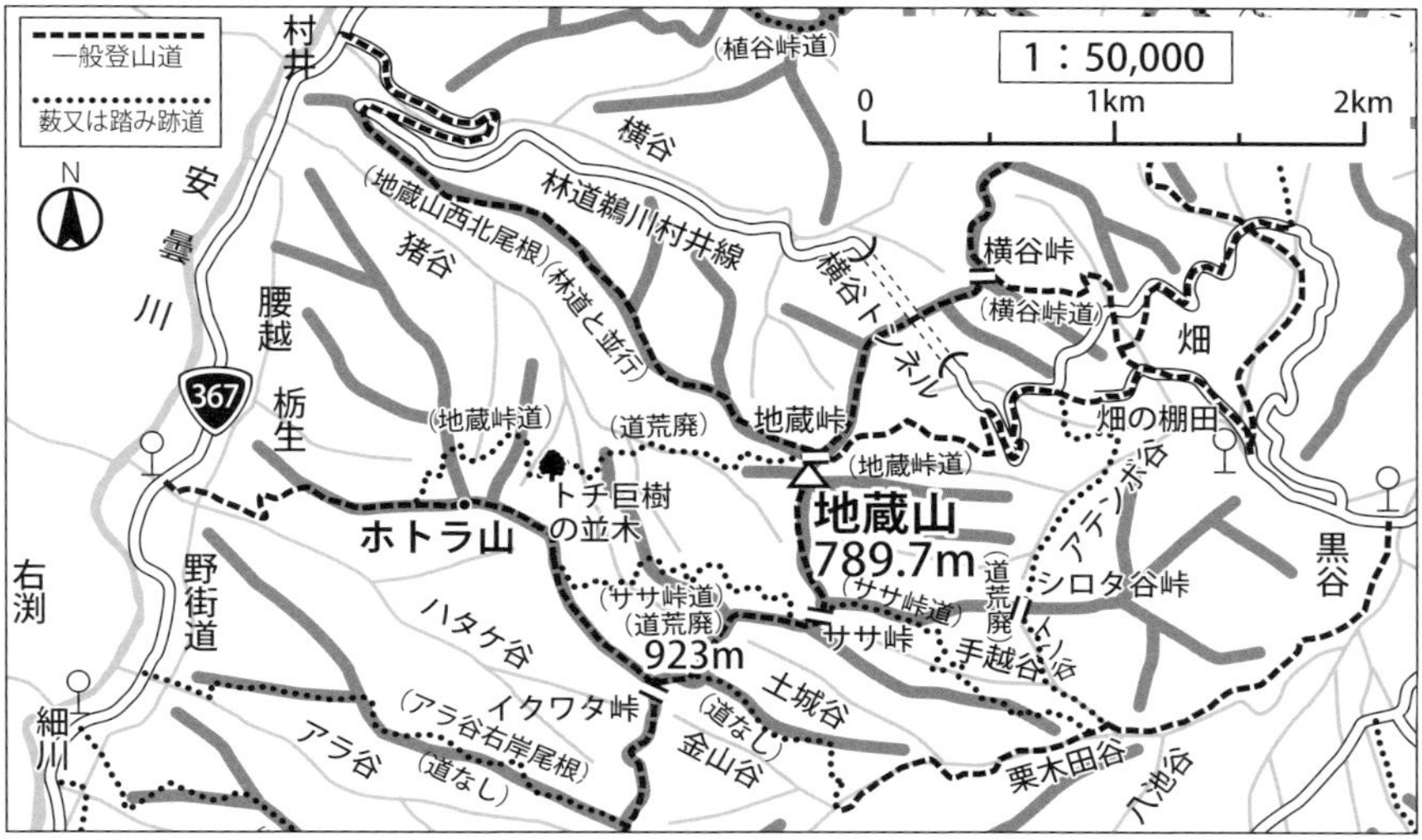

蛇《じゃ》谷《だに》ヶ《が》峰《みね》△九〇一・七m

〔地図一一七頁〕

●西尾根桑野橋道 ●朽木いきものふれあいの里カツラの谷コース ●朽木いきものふれあいの里コース ●グリーンパーク想い出の森コース ●入部谷越道 ●須川越(ボボフダ峠)道 ●横谷峠道 ●植谷峠道 ●滝谷越道

『比良連嶺』には、蛇谷ヶ峰の山名についてこのように書かれている。

〝蛇谷ヶ峰といっても地元では知らない人が多い。富坂、高島方面では単に西山と呼び、安曇《あど》川畔の市場、岩瀬方面では「ニウザン」、「カセノダケヤマ」、「オウナス」、「オグラス」などいろいろ呼名をつけている。〟

登山者の間では蛇谷ヶ峰と呼ばれていた。蛇谷は東側の富坂からこの山に突き上げる鴨川の支谷であり、高島側の名称だと思われるが、朽木側では小椋栖山などとも呼ばれている。

東の高島側から見るとこの山だけがひとつ離れて、ゆったりと尾根を延ばしている。麓あるいは山上から、どの方角から見ていてもその姿は堂々としており、標高では一〇〇〇mを切る山なのに、武奈ヶ岳と並んで人気が高い山となっているのも頷ける。高島、朽木を代表するふるさとの名山と呼ぶにふさわしい魅力を持つ山である。

連嶺をなす比良にあって蛇谷ヶ峰の独立峰的な山容は、無雪期ば

朽木野尻付近から見る蛇谷ヶ峰

かりでなく冬も多くの登山者を迎える人気の山となっている。アプローチの良さと頂上からの展望などがその理由であろう。頂上は広くて東、北、西の三方が開けており、大きな木がないので素晴らしい眺望である。

　登山道は北西の入部谷越《にゅうだにごえ》の朽木《くつき》スキー場から登る尾根道、北のグリーンパーク想い出の森、朽木いきものふれあいの里からの尾根道とカツラの巨樹のある谷道、西の朽木大野の桑野橋からの尾根道、南の畑から須川越（ボボフダ峠）を経て比良主稜を登る道と、方々から登れる多彩なコースがある。昔から麓の人たちに利用されてきた山だけに深山幽谷という雰囲気はなく、アカマツを中心とした明るい雑木林が広がっている。そうした中でいきものふれあいの里からのカツラの谷コースは、尾根道が多い他のコースとは違い異質の雰囲気を持っている。カツラやトチ、サワグルミなどの巨樹が包む谷を歩くところもあり、変化にとんだ私のイチ押しコースである。

蛇谷ヶ峰山頂から北側の稜線を見る

●西尾根桑野橋道

　蛇谷ヶ峰は今でこそ登山者で賑わう山で多くのコースがあるが、一九六〇年代の登山地図を見てみると頂上へと至る道はほとんどなく、高島の畑から須川越（ボボフダ峠）への道があって、この峠から一本の破線コースが頂上まで印されているだけである。しかし頂上まで至るものはなかったとしても、山仕事の道が多数存在していたはずで、『比良 研究と案内』の付図には多くの破線ルートが書かれている。一九七〇年代発行の中井一郎著の昭文社の登山地図になって入部谷越からと桑野橋からの二本の実線ルートが入るようになっている。この桑野橋コースは朽木山行会によって拓かれ、昭和五六年のびわ湖国体のための登山道として整備されたという。桑野橋道からの西尾根はコースとしては古いのだが、現在は登る人は比較的少ない。やはりどうしても便利なところから登る人が多くなってしまう。

　西尾根は登山口の朽木大野から尾根の途中まで林道が登っており、標高約五〇〇m付近で登山道へと変わる。朽木側の各コースは林道を辿ってから登っていく登山道が多く、いずれのコースも取り付きやすい。積雪期にも人気があるのはこうした取り付きやすさも手伝っているのではないだろうか。

　林道終点から少し登ったところが猪《しし》ノ馬場で、この付近から静かで落ち着きのある樹林の道が続いて行く。この道は私の好きなコースのひとつであり、よく踏まれた道が坦々と高度を稼いで行く。冬には山スキーで下る人もあり、積雪期にも向くコースであろう。

　植谷峠からの尾根と合流するジャンクションピークが西峰で、無線中継所の建物がある。双子峰といってもいいようだが、遠望してもあまり双子峰には見えない。もう頂上ピークは目の前に開けている。

西尾根西峰付近からの蛇谷ヶ峰頂上

●朽木いきものふれあいの里カツラの谷コース

この道は数ある蛇谷ヶ峰登山道の中でも私の一番

好きなコースだ。道は尾根から山腹を辿り小さな谷をいくつも横切って、最後にカツラの谷から尾根へと取り付いて登っている。山腹や谷を通るだけに何箇所か崩れているところがあるが、道はよく踏まれて整備もされているので心配のないコースである。

　山腹道は昔炭焼きなど仕事道として使われていたもので、雑木林が美しい。植林地もあまりないので新緑や紅葉期には素晴らしいコースとなっている。スンゴ谷、指月谷を渡ると尾根へと登っていくが、やがてまた山腹道となって灰所谷支流のカツラの谷へと下りる。ここはカツラ、トチ、サワグルミなどの大樹の緑に包まれている。登山道から少し下ったところにもカツラの巨樹が一本ある。道も造られているので下ってみるといい。尾根道が多いこの山では貴重なコースといっていいだろう。

カツラの谷の美しい自然林

　谷に沿って登って行くと自然林の深い緑と、動きのある水流との組み合わせが深山らしい雰囲気を作り上げている。支谷の合流点では広く台地状となって、炭焼き窯跡の石組みが残り祠が祀られている。人びとに利用されてきた山だけにこんな美しい風景と出会えるのはうれしいものだ。

カツラの谷のカツラの巨樹

　ここからいよいよ尾根へとかかるのだが、このように尾根や谷をまっすぐ登るだけのコースでないところが気に入っている。尾根道はこの山の他のコースと比べても緩やかで歩きやすい。谷から尾根へとゆっくりと高度を上げてきているからだろう。グリーンパーク想い出の森からの道と合流するとすぐに入部谷越からの道と合流。もう頂上はこの上だ。貧弱な灌木を抜けるとまるっこい頂上に出る。南側を除いては大きな展望が広がっている。

▼蛇谷ヶ峰モデルコース

蛇谷ヶ峰には多くの登山道があってひとつのコースを選ぶのは難しいが、私の好きな西尾根桑野橋道と朽木いきものふれあいの里カツラの谷コースを、イチ押しのコースとしてあげておきたい。

コースタイム

桑野橋（1：00）猪ノ馬場（1：30）蛇谷ヶ峰（2：20）朽木いきものふれあいの里

●朽木いきものふれあいの里コース

朽木いきものふれあいの里のスンゴ谷からのコースは、五五二mピークへの登りでスンゴ谷からの道と右岸の尾根を登ってきた道と合い、五五二mピークでグリーンパーク想い出の森からの道と合流している。朽木いきものふれあいの里からはカツラの谷コースよりスンゴ谷からのコースの方が距離が短く、短時間で登れるコースである。

樹林の道をスキーで滑り下る

典型的な里山林で下部では手入れされた林の中に気持ちのいい明るい道が続いている。どちらが好きかは好みの問題だが、カツラの谷コースのような自然林の山深さは味わえない。冬にスキーで下ったことがあるが、積雪量があまり多くなかったので、カツラの谷コースへの分岐から五五二mピークまでの急で狭い尾根に苦しめられた。下部は雑木林が手入れされて開けているので、雪さえあれば快適に下れるところである。

●グリーンパーク想い出の森コース

蛇谷ヶ峰の登山道はどこもよく整備がされていて安心して歩ける。グリーンパーク想い出の森には朽木温泉「てんくう」もありよく歩かれている。

登山道は尾根を辿るコースであるが一箇所釜ノ谷を渡るところがある。アカマツ中心の典型的な雑木林の明るい道で、釜ノ谷までは緩やか尾根道が続いている。しかし釜ノ谷を渡ってからはカツラの谷道と合流するまで、急登が続いておりそんなに楽な道ではない。釜ノ谷が標高四〇〇mほどなので、頂上まで残り五〇〇m。しかも丸太の階段道が多いので、いっそうきつい登りとなるだろう。丸太の階段の登山道は単調だし、登りも下りもつらいものである。

グリーンパーク想い出の森、朽木いきものふれあいの里からのコースの場合、車での登山の人がほとんどだろう。両施設の間は少し離れているが林道で繋がっていて歩けるので、登り下りは別にする方が変化のあるコースとなる。

尾根を縫うように古い道が続いている

●入部《にゅう》谷越道

朽木スキー場は蛇谷ヶ峰から北へ阿弥陀山へと続く比良主稜を越える入部谷越の西側にあり、ここから登山道が蛇谷ヶ峰へと上がっている。

入部谷越は『朽木村志』にこう書かれている。

〝市場・岩瀬に集荷された木炭は、この峠道を通って大溝に運ばれたのである。琵琶湖に太湖汽船が就航するようになってからも、修学旅行・京都行き・伊勢参宮などさかんに利用されたが、高島郡の平坦部へ出る最も便利のよい道であったといえる。〟

現在は市場野田鴨線として車道が越えており、峠の部分はトンネルとなって抜けている。

この入部谷越が越える主稜線は蛇谷ヶ峰の北の八一七mピークから東へと急激に下って、朽木スキー場の最上部でカギ型に北へと振っている。峠の南側はとても主稜を形成しているとは思えないような貧弱な細い尾根で、朽木スキー場はこの主稜の西側に並行して南北にゲレンデを延ばしている。標高差一〇〇mあまりの小さなスキー場だ。

蛇谷ヶ峰の登山道はこの貧弱な主稜線と朽木スキー場を挟んで並行して延びている尾根にあり、主稜線より遥かに堂々とがっしりとした尾根を延ばしている。ゲレンデから登り始める道はしっかりと整備されていて歩きやすい。しかも登山口の峠付近の標高が約四四〇mなので山頂までの標高差は四六〇mほど。入部谷越からの道は他の数コースと比べても最も楽なコースとなっている。

小さな谷沿いの道から尾根へ取り付くところでさわらび草原道と分岐し、右へと切り返して登って行く。整備されたジグザグ道は歩きやすく自然林の緑に包まれた気持ちのよい道である。最初の二〇〇mを登ってしまうとあとはもう楽な登りだ。八一七mピークのさわらび草原道の分岐を過ぎるとすぐにまたグリーンパーク想い出の森・生きものふれあいの里からの道と合流し、数分の登りで頂上に着く。

昔、スキーで入部谷越に向けて下ったことがある。まだスキー場もなかった頃で、今歩いてみてもどこを滑ったのかはまったく記憶にないが、山スキーでゲレンデ以外では初めて気持ちよくターンできたことをよく憶えている。

登山地図にはスキー場から二本の実線の登山道と一本の破線の道が記されている。もう一本の実線の道はさわらび草原道で、リフトと並行してゲレンデ横の斜面を登り、リフトの最上部から主稜線を登って八一七mピークで合流している。下山はこのさわらび草原道への道を下ってみた。

分岐付近では道もはっきりとしていなかったが、下るにつれはっきりとしてくる。このコースは主稜線となる尾根なのだが、尾根の形状がしっかりとせず斜面状に広がっていて、更に下って行くと道はまたもやはっきりしなくなる。しかも標高七三〇m付近で尾根は二つに分かれており、進むべき主稜線の方が急で尾根の形状もはっきりとしていない。私も危うく間違いかけたがすぐ気づいて修正した。ここは丁度造林公社の看板の立つところで、下るときはここから左気味に下って行くことだ。もう少し下ると左にスキー場が木々の間から見えてくる。スキー場の最上部に出れば幅の広いしっかりとしたさわらび草原道が続いているので安心だ。登る場合はいいが下りの場合は要注意コースである。

入部谷越からのよく整備された登山道

スキー場の最上部から地図に破線の道が入っている主稜線を入部谷越まで歩いてみようかと思ったが、先の方で稜線までリフトが上がっているのが見え、歩く気がそがれて諦めた。

●須川越（ボボフダ峠）道

以前の登山地図では須川越ではなくボボフダ峠となっていたが、この地名の出所は不明だという。地元では須川越と呼ばれている。高島の畑からこの須川越を経て登るコースが、昔は蛇谷ヶ峰への一般的なコースだったように思う。しかし近頃は入部谷や朽木側から登る登山者がほとんどで、畑から登る人はあまりいないようだ。

畑の棚田の間の道を登るのだが、まずこの棚田を登るところから分かりにくく道標もなかった。今は畑集落からでなく林道鵜川村井線から登るようになっているようで、林道の登山口に道標が立てられていた。しかしこのコースは畑の棚田を眺めながら登ってこそのコースではないだろうか。

林道から杉の植林地の中に入るが、昔はここもずっと棚田が続いていたのである。標高約四四〇m付近まで石積みがされていた。今は暗い林の中だがここまで田んぼがあり、ここから上部は雑木林に覆われていたのだろう。現在よりはるかに大きな棚田の風景が広がっていたのである。

この棚田跡の最上部までは昔の畦道の跡が交錯して分かりにくいが、ここからは雑木林の斜面にじぐざぐを切って道が登っていた。よく踏まれた道で、須川越、植谷峠を経て朽木の大野へと越える道だが、主に炭焼きの道として使われていたという。

須川越も西面が植林地で、すぐ下に横谷の源流が流れている。この尾根は比良の北主稜をなしているのだが、蛇谷ヶ峰手前の標高八〇〇mくらいまで、左に浅い谷と並行しながら主稜線がゆったりと登っている。芦生の野田畑谷を思わせるような地形だが、ここは残念ながら原生林ではなくアカマツ主体の雑木林であ

棚田跡の杉林から雑木林入った峠道

り、谷にはほとんど水も流れていない。

　途中の七〇二mピーク（滝谷の頭）の北のコルに滝谷側へと古い道が下っている。この主稜線は七五二mピークの先で左へと直角に振って急激に登り、蛇谷ヶ峰から真っ直ぐ南走する尾根の八〇〇mピークに出合う。下ってくるとここが主稜線と南へと延びる尾根の分岐点となるのだが、道標も立てられていないので分かりにくいところである。迷う人もあるのではないだろうか。ここからひと登りすると大きく開けた蛇谷ヶ峰の頂上である。

●横谷峠道

　須川越から主稜線を南下すると七〇一mピークの手前に荒谷峠がある。両側に道型は残っていたがほとんど歩かれていない。前出の「奥比良の古道」によれば、畑の人びとが炭焼きに通った道だという。

　そして次の大きなコルが横谷峠である。昔の登山地図ではヨコダ峠、ヨコタ峠と表記されていたが、現在は横谷峠と書かれている。須川越と同じく鹿《しし》ヶ《が》瀬《せ》と朽木の村井とを結ぶ峠道で、朽木へのメインルートとなっていた。広々とゆったり開けたコルで、横谷側へ少し歩いてみたが道は分からなかった。一方の畑側は倒木などがあって荒れてはいるものの、深く掘り込まれた道が続いている。相当昔から歩かれていた峠道だったのだろう。古くは殿ヶ峯越と呼ばれていた道だと思われる。

ゆるやかに開けた横谷峠

　『朽木村志』によれば〝朽木氏の先祖が入部谷を越えて、初めてこの村へ入って来たときに、坊村少将の抵抗に遭ってやむなく畑村から村井への道を迂回したが、そのとき助力を惜しまなかったのが村井の住民であったという。〟と書かれている。
　この道が横谷峠の道であろう。朽木氏の支配は室町期であり、峠道の歴史は更に遡ることになる。
　現在はほとんど使われてはいないが、道に樹木の生え込みもなく歩きやすい道で、畑まで快適に歩けた。それにしても尋常でないほどの掘れ込みで、どれほど歩かれたのだろうか。下にこれだけの棚田が広がっているので、多くの人に歩かれたのであろう。

林道に出たところで須川越と同じく鹿除けの金網柵があるので、扉を開けて樹林の中をさらに下ると棚田に出る。素晴らしい峠道だった。蛇谷ヶ峰への登山道としてもっと歩いてほしいコースだ。

●植谷峠道

比良の埋もれ行く峠道のひとつとなっている。以前の登山地図には道の記載もあったのだが、現在では破線も記載されていない。峠道としてのルートもよく分からなかったが、古い登山地図には植谷を谷通しに進んで、魚ノ谷と本流が二股となる手前で左岸側の支尾根から稜線に登って、植谷峠に至るという道の破線路が印されていた。しかし随分と以前から植谷沿いの道はなくなっている。桑野橋からの蛇谷ヶ峰登山道の林道終点付近から、植谷へと下ってこの左岸側の支尾根を登ってみたのだが、付近は植林地となっていて、峠道の存在は確認できなかった。この時は植谷峠まで歩いてみて峠の位置は確認できたが、付近は植林地と変わっており、峠に至る道はどこから登っていたのか謎であった。

しかし平成二二年に発行された『朽木村史 通史編』の古道の地図に、植谷峠道も記載されていた。それには朽木側からは、峠のある稜線の末端の朽木大野から直接この尾根に登って植谷峠に至っている。現在もこの道は残っており、植谷からの道を調査した折にも下山路として使っている。植林地の仕事道として使われているようで、取り付きはジグザグを切るしっかりとした古い道で、登りの場合はかなり急登だが歩きやすい道ではあった。

大野から植谷峠まではしっかりとはしていないが踏み跡が

明るい春の植谷峠

あって、藪を漕ぐことなく植谷峠へと辿ることができる。峠から須川越へは最初こそあやふやなトラバース道だが、やがて踏まれた道が尾根上に続いている。横谷の源流へと下り流れを渡って右へ山腹を登ると、すぐに須川越に出る。ここには「大野（難路）」と印された道標があり、昔は登山道としても使われていたことを示している。

植谷峠は変則的な峠道である。高島の畑へと抜ける須川越（ボボフダ峠）と一体となる峠道で、植谷峠からいったん横谷の源流へと下ってから須川越へと繋ぐ中間ジョイントの役割を持つ峠であった。

植谷峠から蛇谷ヶ峰へも藪に煩わされることなく歩けた。もっと使われてもいいルートだと思う。現在登山道としてまったく使われていないが、この峠道を活用すれば蛇谷ヶ峰への登山道が増えることになる。従来の登山道と組み合わせれば、変化にとんだコースができるのでぜひ試してほしい。

●滝谷越道

滝谷越は蛇谷ヶ峰主稜の須川越の北にある七〇二mピークの滝谷の頭から、南東方向へと延びる尾根の四七三mピークの西のコルを越える峠道で、畑と滝谷を結んでいる。滝谷は須川の大きな支流で、蛇谷ヶ峰から流れ下る蛇谷と滝谷の頭から流れる滝谷とが合わさって富坂で須川と合流している。

現在は畑集落上の斜面を鉢巻き状に林道鵜川村井線が横断しているので、集落から林道に出るまでの間、上部では棚田が放棄され、そこから上の峠道全体がもう忘れ去られた道となっている。

林道からの取り付きは須川越へと取り付く谷のすぐ東側の尾根からで、掘り込まれた道が残っていて峠までは迷うことなく登ることができる。しかしほとんど歩かれていないので常緑樹が被さっている。道横には古い鹿除け柵の名残と思えるものが続いていて、錆びた鉄条網が残っているので注意したい。

峠は緩やかに広がったところで、造林小屋が

滝谷越の峠には造林小屋がある

建っている。滝谷側へと下る道は植林地の中を滝谷の流れまでは下れるものの、その先が分からなかった。仕方なく対岸の尾根へと登って道を探りながら下って行くと、北側の支流にある大きな堰堤の下で流れに下ると道があった。流れをコンクリートの細い橋で渡って車道に出た。

主稜線の滝谷の頭の北に、滝谷側からしっかりとした道が上がってきている。この掘り込まれた尾根道を下って行くと、この滝谷越を越えた時に出合った堰堤に出た。車を畑に置いているので滝谷は下れず、滝谷越を畑へと登りなおすと、前回分からなかった道を発見した。そして先ほど下ってきた尾根へと微かな道を辿ってみると、さっき通った自分の足跡と出合ったのだった。滝谷越は畑から滝谷へと下るだけでなく、滝谷の頭の北のコルからの道と繋がっていることも判明した。

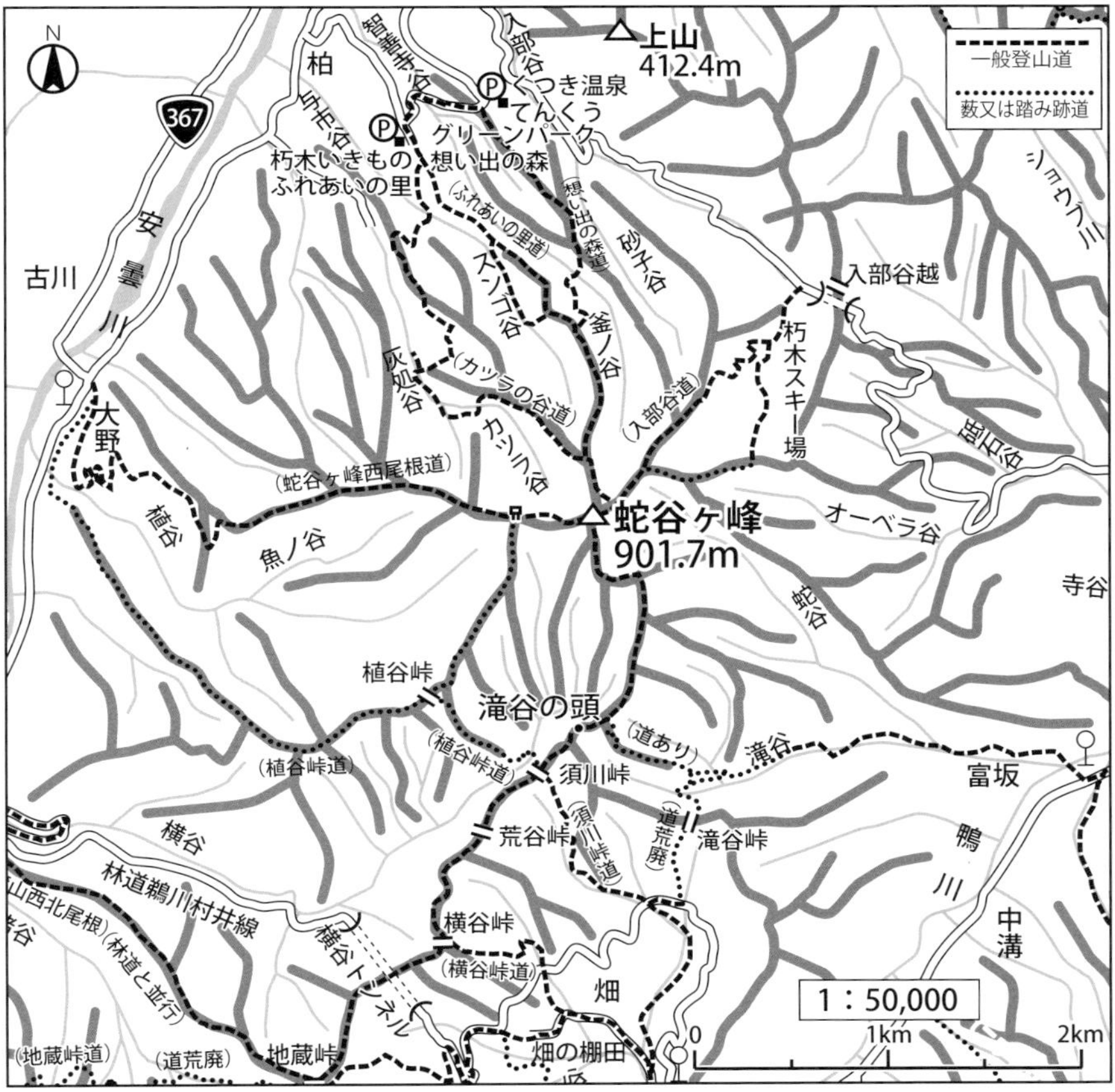

阿弥陀山《あみだやま》△四五三・六m

〔地図一二三頁〕

●太山寺登山道 ●中野登山道 ●比良北山稜北端尾根

阿弥陀山は比良山系の北端に位置し、北側をぐるりと安曇川《あど》の流れに区切られている。山頂付近は東西に五〇〇m足らずのピークがいくつか連なっており、その山塊東端の肩にあたるところに、四五三・六mの阿弥陀山の三角点が置かれている。連なるピークは三角点より少し高く、西端のピークに自衛隊のレーダー基地が設けられている。この山塊全体を総称して阿弥陀山というのであろう。阿弥陀山の名前は、泰山寺野《たいさんじの》西方の山を阿弥陀の住む浄土としたところからきているという。

泰山寺野は安曇川を挟んだ北側の饗庭野《あいばの》と同じく、古琵琶湖の堆積物が隆起した洪積台地である。安曇川の平野面とは一〇〇mほどの標高差があり、原野が大きく広がっていて、かつて泰産寺があったところから泰山寺野と呼ばれている。泰産寺は戦国期織田信長によって焼き討ちにあったといい、難を逃れた聖徳太子を祀る太山寺太子堂が麓の田中に移建されている。

夏は涼しく冬は寒さが厳しいというこの原野は、以前は付近集落

阿弥陀山山頂付近から見た泰山寺野台地と琵琶湖

の入会地《いりあい》であった。第二次大戦後すぐの昭和二三年に食糧増産政策により入植による開拓事業が始まったが一三戸の入植者から始まった事業も、現在は水田、果樹、畑作、畜産などが行われ、阿弥陀山から見ると山林に囲まれた台地上に耕地が広がっている。台地の中央に真っ直ぐに延びた道を車で走っていると、スケールは違うが北海道や八ヶ岳山麓に来たかのような印象を受けた。

　登山の山としては標高が低くて植林地が多いので、登るという面では魅力にも欠けるところもあるが、昔から人が入った里山の美しさが残されている。登山道の途中には太山寺《たいさんじ》城跡があって山中、山麓には石仏や石塔なども祀られている。歴史散策コースとしても楽しめるのではないだろうか。また山上の三角点が一等であるというのも注目され、小さな山だが登る人は結構多いようだ。

　登山道は阿弥陀山東側の泰山寺野台地の太山寺、中野から道がある。いずれにしても登山口から頂上までは四〇分から一時間程度の道である。

比良主稜の北稜から阿弥陀山へと延びる尾根。深いラッセルを強いられた

●太山寺《たいさんじ》登山道

安曇川畔から大筑波川に沿った車道を登って行くと太山寺集落がある。家の前から林道へ入ろうとすると犬がじっとこちらを見ていた。恐る恐るその前を通った瞬間飛びかかってきたが張り綱がぴーん。飛びかかった後もまったくうなりも吠えもせず素知らぬ顔。不気味な犬に冷や汗をかかされた。

林道の終点には阿弥陀山の案内看板が立てられている。真っ直ぐに暗い植林地の中を登り尾根へと出たところで、右へと登って行くと木の根方に石仏が祀られていた。ここから少し進んだところで太山寺城跡への道が分岐している。太山寺城跡は左へ谷へと下って流れを渡り斜面を五分ほど登ったところにあり、城跡は何段にも平坦に整地されていた。

尾根に祀られた石仏

谷まで戻って流れに沿って登り右へと尾根に出たところで、分岐を真っ直ぐに登ってきた尾根道と合流する。太山寺集落から別ルートでここに登る道もあってここで合流している。ここから尾根は次第に雑木林へと変わって行く。

尾根の美しい里山林

昔かなり使われていた道のようでV字形に掘り込まれている。これは木馬《きんま》で伐採した木を下ろした道だという。道の両側はびっしりとイワカガミに埋まり木漏れ日が差し込んでいた。まさに里山の雰囲気を残す気持ちのいい道が頂上まで続いていた。山頂のすぐ手前では泰山寺野台地が眺められ、ここから見ると台地の周囲は山林が囲み、中央部が水田や畑として利用されているのが分かる。

山頂は広く伐り払われており、真ん中に大きな一等三角点がある。この先も道が続いているので進んでみると林道に出合った。四五〇ｍを超えるピークが並んでいてその西端がレーダー基地とされているピークである。ここまできたら前回きた冬のルートと繋がったので三角点へと戻った。

山頂にある一等三角点

●中野登山道

阿弥陀山三角点から北東の尾根に道がある。これが中野登山道である。北東にある高面山とのコルを林道が越えていて、その峠にあたるところが登山口となっている。この林道は太山寺集落から分かれていて、登山口から林道を下れば太山寺へと出るので、太山寺を基点とした周回コースとして歩くことができる。小さな阿弥陀山登山にも少し変化がつけられ、二時間ほどで周回できる。

太山寺集落近くにある庚申塔

下り道にとって歩いたが、このコースは昔の道に少し手を入れたもので、整備された道ではない。雑木林の中に赤テープが目印として続いているので、注意しながらそれを追っていけば分かる程度のあやふやな道であった。

林道に出て南へと下ると太山寺集落である。道横に庚申と彫られた石塔に出合うともう集落に出る。

▼阿弥陀山モデルコース

比良山系の最北端にあり標高も低い山だが、一等三角点の山ということもあって、訪れる登山者は結構いるようだ。一般登山道は太山寺集落からと、そこから延びる林道の途中から登る中野登山道の二コースで、周回できるコースとなっている。

コースタイム

太山寺（0：40）阿弥陀山（0：20）中野登山口（0：30）太山寺

●比良北山稜北端尾根

阿弥陀山登山道は標高二〇〇ｍ余りの東側の泰山

寺野から登っている。この一般コースでは標高差が二五〇mほどしかなく、山頂に登るだけでは一日コースとしては物足りない。一日の山歩きとするなら、安曇川畔から入部谷越に至る、比良の北山稜となっている尾根から登るのが面白そうに思えた。この尾根の途中で西に分ける尾根があって阿弥陀山へと繋がっており、登山地図を見ると、尾根の北端から阿弥陀山へと繋がる尾根に破線が入れられている。また阿弥陀山へと分岐する尾根から南の入部谷越へと向って林道が延びており、雪のある時ならこの北山稜の北側、南側からは阿弥陀山へのいいルートになりそうに思えた。

高岩橋から車道を少し東へと歩き、登山地図の破線のところから取り付いた。たっぷりの雪を利して崩れた斜面を登ると、雪面が窪んだしっかりとした道に出合う。この道は安曇川が荒川付近で大きく曲がりくねった部分をショートカットしていた、今の車道が通じる前の中山峠越の古道だろうか。

尾根には鉄塔が横切っているし、テレビのアンテナも下から見えていたので、道があることは予想できた。道の適当なところから斜面を登って行くとテレビの共同アンテナがあり、その少し上で送電線の鉄塔と出合うが、雪が多いせいか道が続いているかどうかもはっきりとは分からなかった。三七〇mのピークに出たところで、もう一つテレビの共同アンテナがあり、そしてこの先にシカ除けの網がめぐらされた伐採地が広がっていた。北側斜面が大きく開けているが、雪が降り見晴らしもきかなかった。

北主稜の鹿除けの網が張られた伐採地

この尾根は比良山系の主稜線となる北山稜で、入部谷峠から蛇谷ヶ峰を持ち上げ、大きな稜線を形成していくのだが、最北端のこの付近では雑木林と植林地が混じる五〇〇m内外のピークを連ねながら、入部谷峠へと続いている。

四五一mピークから小さなアップダウンがあって、標高五〇〇m付近で阿弥陀山へと続く尾根のジャンクションとなるが、この少し手前で白土谷から道が上がってきている。『朽木村史』によると白土谷越と呼ばれている古い峠道のようだ。この峠は登山地図では八田谷越と記されている。またジャンクションには八田川からの林道が登ってきていて、主稜上を入部谷峠の手前まで延びていた。雪が多くてラッセルがきつかったが、もう阿弥陀山は近い。

この標高五〇〇ｍ地点から東に尾根を下って行くと林道と出合って、レーダーピーク手前で長尾から上がってくる林道と合流する。阿弥陀山はもうこのすぐ先までというところに近づいたのだが、林道は防衛庁の施設ということで立ち入り禁止の柵止めがされていた。もう登ったのも同然なので阿弥陀山山頂は泰山寺野から雪のない時に登ることにして、素直に従ってここで引き返した。

ジャンクションから入部谷峠まで北山稜を歩いてみようかとも思ったが、車を高岩橋付近に置いたので車道歩きが長くなる。諦めて往路を戻った。

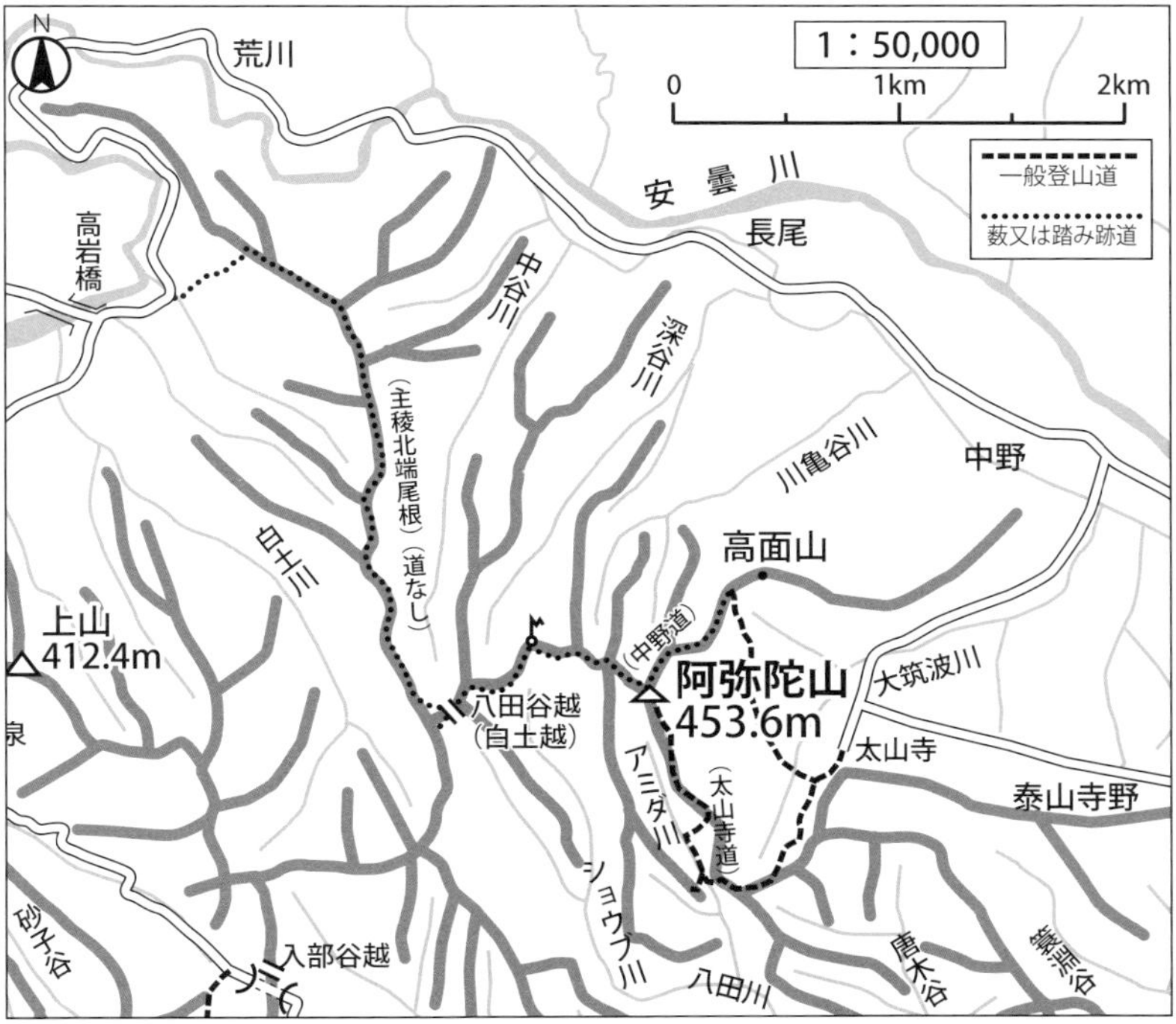

釈迦岳《しゃかだけ》△一〇六〇・三m・カラ岳《だけ》約一〇三〇m・ヤケオ山《やま》約九七〇m

〔地図一三四頁〕

●釈迦岳南稜旧リフト道 ●大津ワンゲル新道 ●北比良峠道（ダケ道） ●神璽谷道 ●雄松山荘道 ●中井新道 ●オガサカ道 ●まぼろしの滝望見道 ●カラ岳北西稜

一〇六〇・三mという標高は比良の中では立派なものである。しかし何度か登っているのにもかかわらず印象はあまり残っていなかった。これはやはりリフト、ロープウェイ、スキー場、ロッジなどの人工物と重なる山だったからであろうか。しかしガレをまとい一気に切れ込む東面の姿は、最も比良らしい山といえるのではないだろうか。

釈迦岳から北の稜線は少し高度を落としてヤケオ山があり、そこから一気に高度を落としていく。南の山稜は電波塔のコンクリートの建物が建つカラ岳、次郎坊山、前山と、ある程度の高度を保ちながら比良川右俣源流の山々を形成している。いずれも目立たないピークである。それぞれのピークに名前が付いているが、登山の山として考えるのならこのヤケオ山から前山くらいまでを、釈迦岳という山のかたまりとして捉えられるのではないだろうか。

比良スキー場がなくなって人工物がほとんど撤去されてから、釈迦岳周辺の印象も変わってきたように思う。歩いてみると雰囲気のある林も残っているし、一日で釈迦岳から八雲《やくも》ヶ《が》原《はら》、奥の深谷、堂満岳《どうまんだけ》あ

武奈ヶ岳頂上からのカラ岳、釈迦岳、ヤケオ山の眺望

たりまで歩くと、ボリュームがあり変化にとんだ周回コースとなる。また北へリトル比良へと向かう起点ともなっている。公共交通機関を使えば武奈ヶ岳まで登って西南稜を下る比良横断も日帰りでできる。これだけのコースがとれるのもアプローチに恵まれた比良ならではであろう。

『比良 研究と案内』によれば釈迦岳は別称として駒ヶ額《こまがひたい》山、小馬の額《ひたい》、コマガシタ、クマノス山、次郎坊山は宮山、早阪山、ヤケオ山は西福寺山などの名称が入れられている。比良集落にある天満宮には大戸道尊《おおとのじのみこと》・大戸辺尊《おおとのべのみこと》の二神が末社として祀られている。この二神が宮山に降臨し社祠を創立して、後に山麓に遷社したところがこの天満宮だと言われており、地元では「次郎坊」「早坂の次郎坊さん」と親称していると『日本の神々』（谷川健一編・白水社）に書かれている。山稜のオガサカ道が合流するところが次郎坊で、ここに神が降臨し後に麓に祀られることになったのだろう。この下の神璽《しんじ》谷にも天神社が祀られている。土俗の神と新来の神は地元の人びとが尊崇する神と施政者が祀る神という関係になり、その歴史の結果としてあるのが今の天満宮ということになるのだろう。

釈迦岳一帯は麓の北比良、南比良集落から多くの人が山仕事に入っていた。昔は比良東面では石材の切り出しが盛んに行われていて、『比良連嶺』の付図を見てもシャカ谷に石切場の記入もある。現在の登山道は当時その仕事道として使われていたものだと思われ、登山道が多いのもうなずける。

イン谷源流の釈迦岳を中心とした山々とヤケオ山への登山道としては稜線の縦走路以外に、登山口の要となるイン谷口から稜線に登るいくつかのルートや、南小松からの雄松《おまつ》山荘道、中井新道などがある。神璽谷道を除くと尾根道でいずれも急登の厳しいコースばかりである。また北面の八淵谷側からもオガサカ道や旧比良スキー場へのまぼろしの滝望見道、カラ岳から西北に延びる旧郡界尾根に北比良財産会の伐り開きの道などがある。

●釈迦岳南稜旧リフト道

昔、比良山系のほぼ全域をカバーする五万図「北小松」図幅に、歩くたびに朱線を入れていたが、釈迦岳南稜の旧リフトに沿った道には線が入ってなかった。しかしリフトをくぐって歩いたのを憶えているので、何度か歩いたことは確かなのだが、イン谷口からは正面谷やダケ道を歩くことが多かった。

今この道を歩いていてもほとんど記憶に残っていない。神璽谷道も歩いているがこの道の途中で分かれているということも憶えていず、この分岐までシャカ谷沿いの道を登って道標に出合って、初めて神璽谷はここから入るのかと気づいた次第だった。

上部トラバース道のブナの古木

じっとりとした梅雨特有の天気だが、ガスに煙る谷の雰囲気が気持ち良かった。この分岐からしばらくは急登が続くのだが意外と辛くない。ゆっくりとしたペースで登ったこともあるが、さすがに古い道は歩きやすい。小さな切り返しが続いて息が上がることもなく、快適に以前のリフトとロープウェイの乗り換え地点に着いた。ここから少し登ったところで釈迦岳に直登する田辺新道の分岐に出合う。好きなタツナミソウが咲いていたので、一休みしてマクロレンズに付け替えてゆっくりと写真を撮った。

春の釈迦岳頂上

釈迦岳へは急な登りが続くがカラ岳への道は楽なトラバース道である。この付近から道に沿って電柱が続いているのは気に入らないが、大杉やブナの古樹があって道の雰囲気は実に素晴らしい。比良の山のいいところがよく感じられる道であった。

カラ岳と釈迦岳の間のコルに上がって八雲ヶ原に向かったが、この間の稜線も比良らしい平凡だが気持ちのいい尾根道が続いている。こんな雑木林の道は木の花が多い初夏は楽しい道となる。ベニドウダン、サラサドウダン、タニウツギ、ヤマボウシなど花のトンネルであった。それと何よりも整備されていて歩きやすい道である。もっと多くの人に歩いてほしい道のひとつだと思った。

　釈迦岳へと真っ直ぐに登る田辺新道は石楠花《しゃくなげ》新道と呼ばれ、釈迦岳への最短コースとして北比良の田辺松太郎氏によって拓かれた。急登だがブナの大きな木もある落ち着きのある道である。最後の緩やかに広がる斜面に出て大津ワンゲル道と合流する。

フジハゲ付近からの釈迦岳、武奈ヶ岳

▼釈迦岳・カラ岳・ヤケオ山モデルコース

　旧リフトに沿う南稜からカラ岳・釈迦岳・ヤケオ山・ヤケ山と縦走して、JR北小松駅に下る。駅からの車道歩きが長くて標高差もあるが、先に続くリトル比良と琵琶湖を眺めながらの、比良ならではの眺望が素晴らしいコース（ヤケ山からの大石道はヤケ山・滝山の項を参照）。イン谷口からのマイカーでの登山なら、大津ワンゲル新道、北比良峠ダケ道、正面谷と数多くの周回コースがとれる。

コースタイム

JR湖西線比良駅（1：00）イン谷口（2：00）カラ岳（0：15）釈迦岳（0：30）ヤケオ山（0：45）ヤケ山（1：30）JR湖西線北小松駅

●大津ワンゲル新道

　この道は古くからあった道を大津市公民館ワンダーフォーゲル部によって、手を入れられたところからこの名がある。道は釈迦岳頂上から南へと延びる、支稜では最も大きい尾根を登っている。『比良連嶺』を見ると左右のシャカ谷、大谷のガレ付近へと続いていた柴刈り道と書かれており、頂上までは続いていなかったことが分かる。戦後、この道の上部を伐り開いて釈迦岳まで道がつけられ、大津ワンゲル新道と呼ばれるようになった。

　登山道はイン谷出合の少し上流の小さな谷から登り始めている。相当使われて来たようで深く掘り込まれた道が続いている。道横にはノミ跡がある割石が並べられたところがあり、石切場の石を下ろす道として使われていたのだろうか。下部はさすがに仕事道として長年使われただけあって、山腹を通るなどして地形を読んだ歩きやすい道となっている。標高六八〇m付近で雄松山荘道と合流し、ここから上部はさらに傾斜は急になる。岩混じりの瘠せた尾根となるので道も険しく、特に一箇所、トラロープがフィックスされ、急な岩場を縫って登るところがあるので、初心者がいる場合は下山コースとしない方がいいだろう。

この急登を越えると雰囲気ががらりと変わり、緩やかに広がった疎林の斜面となる。何とも美しいところである。南側は見事に切れ込んだ堂満岳と蓬莱山頂のドームが覗いていた。頂上に近づいたところで、ブナの混じる穏やかな樹林帯となって左から田辺新道と合流して頂上に至る。頂上一帯は比良らしい樹林の中で、北側の眺望が開けている。

良く踏まれた道が続く大津ワンゲル新道

●北比良峠道（ダケ道）

北比良峠道は前山という小さなピークのコルから下り始める。この峠の正面谷登り口の地名は大山口というのであるが、前山をまたの名を大山というところから大山口という地名が付いている。

この峠は昔比良ロープウェイの駅があったところで、広々とした平地となっていて両側の眺望が開けている。琵琶湖側の下はガレが広がっていて、峠道はこの上縁から下りはじめる。以前ここに石仏が祀られていたと記憶していた。しかし最近何度かこの峠道を歩いても石仏に出会うことがなく不思議に思っていたところ、峠のすぐ下で道が分かれているのに気づき、これを辿るとすぐガレに出た。危険防止のため道が変

北比良峠の石仏

わったのだと知って、ふと上を見ると石仏が見えた。ここにあったのだ。

この峠道もよく使われた道だったに違いない。道は深く掘り込まれ見失いようがない道である。ずっと樹林の中なので日陰も多くて夏でも谷道より歩きやすいだろう。麓の集落から柴刈りなどに通った道で、比良の登山道のほとんどがこんな仕事道だったのだ。比良の東側にはこんな峠道が多い。

東面はどこも急な谷や尾根が稜線へと駆け上っているのだが、昔からの峠道は歩きやすい。北比良峠道もそんな道のひとつなのだが、この道の取り付きの大山口からは、谷の中を真っ直ぐに登っていく険しい道となっている。こんな急な道を登っていたのだろうかと思うような道のつき方で、ひょっとしたら変わっているのかも知れないと思っていたが、この道の急なことは『比良連嶺』にもふれられており、大山口の名がある以上、昔からの峠道は現在の道に間違いはないものと思われる。谷道は流されやすいので部分的にはもっと歩きやすいように作られていたことと思うが、大きくは変わっていないようだ。

この最後の下り以外は急な斜面ではうまく切り返して道は作られていて、これだけの標高差を快適に登れる道となっている。現在もイン谷口から稜線へのメインルートとなっているようだ。

●神璽《しんじ》谷道

イン谷の旧リフト乗り場の横から旧リフト道に入る。流れを二度渡って切り返して道を登ったところで神璽谷道が分かれる。神璽谷の左岸高く通る道で途中に神璽滝への下り口があり。滝まで下りてみると、深く切れ込んだ暗い谷の白茶けた花崗岩から豪快に水を落としている。

神璽滝から少し進むと流れに近づいて流れを渡る。道は右岸側に移ってまた山腹に道が続いているが、谷は幾つもの堰堤を連ねている。やがてもう一度流れを渡り返して進むと、右に赤い鳥居が二つ並んでその上の斜面に天神社の祠が祀られて

ガスにけむる神璽滝

いる。付近は杉の巨樹が鬱蒼と聳える森となっている。

標高八〇〇m付近だろうか、この先からナメ状の小滝が続いている。小滝にはすぐ横に登る道があり、これを越えたところに立派な道標が立てられている。この上も急登でロープがぶら下げられて、これを登ったところでぷっつりと道が切れていた。周りをうろついてみたのだが、踏み跡が見つけられず右往左往。道はないが取りあえずそのまま谷を登ってみようと、数十m登ったところでこの谷がルートだと確認できた。道は流されてまったくなくなっていたが少し登ると目印があった。もう北比良峠のガレ場の直下で上を見るとガレに鎖が延びていた。ぐずぐずのガレの急斜面を登って行くと、見覚えのある峠下のガレ場だった。登りきったところには石仏が祀られていた。

●雄松《おまつ》山荘道

南小松集落のほぼ最上部に八幡神社がある。山を後背にした集落の人々の心をひとつにまとめるのにふさわしい場所のように思えた。しかし現在は天井川で知られている、家《や》棟《むね》川の扇状地上部の八幡神社よりはるか奥まで別荘地が開発されているし、神社のすぐ上に湖西道路が建設中である。雄松山荘道はこの別荘地の最上部から尾根へと取り付いている。

静かな雄松山荘道

地図にはこの別荘地の最上部から大谷沿いに破線が入っている。昔から南小松の人たちが山へと入った道で、雄松山荘道も昔からあった道のひとつであろう。古い案内書には〝馬かせ道〟と書かれている。

登山地図には道路の最上部、大谷への破線のすぐ横から取り付くようになっているが、厳密にはもう少し下の大きな家の横から尾根に登り始めている。歩く人が少ないので倒木などは多いが、しっかりと踏み込まれた道がワンゲル道に出合うまで続いていた。同じ南小松が起点となる中井新道を使えば周回コースとすることができる。

●中井新道

中井一郎氏の著書『比良－山の自然譜－』の私の登山案内という囲みコラムの中に、秋のコースとしてカラ岳から北の稜線コースを紹介されている。〝もし晴天なら、琵琶湖の眺めもよいし、特に釈迦－ヤケオの間などは、北比良スカイラインと呼びたいくらい。膳所高校、県山岳連盟、清水友三郎さんなどが協力して作った道である〟とある。さらにヤケオ山頂からヤケ山への大下りのダイナミックな眺望は比良山系ならではのものだろう。

　私も残雪の晴天の日に歩いたが、まさにこの通りの素晴らしい稜線歩きだった。この釈迦岳から北の主稜線も昔は道がなかったが、昭和三四年に釈迦岳、ヤケオ山、ヤケ山、楊梅《やまもも》の滝と続く尾根道が前述の方々の努力によって拓かれたのである。南小松からヤケオ山に至る中井新道と呼ばれる道もこの頃同時に拓かれたのだろうが、中井一郎さんの著書の登山案内にはふれられていない。この道も南小松の人たちが入っていた道に上部を切り開いてヤケオ山に繋げたもので、その伐り開きの中心となった中井一郎氏の名前をとって中井新道とされたのである。

　現在の登山地図にはルートはまったく入れられていないが、一九六九年発行の地図には下部が実線、七六一mピークの少し上部あたりから破線として登山道が入れられている。これを見ても下部は昔から人が入っていた立派な道があり、上部を登山道として伐り拓いたと想像できる。現在もこの中井新道は充分に使える道であるが、やはりヤケオ山から七六一m間はあまりしっかりとは踏まれていない。下りの道として使ったが、登山口の取り付きが分かりにくいので、初めての場合は下りとする方がいい。

　取り付きは梅ノ木谷に沿う古い堰堤工事用の車道があり、その終点にある大きな堰堤が取り付きとなる。堰堤の左岸側の林の中にテープなどの目印もあるので、これを追っていけば次第にしっかりとした道となる。山腹

ヤケオ山からの中井新道の下り

を登るようになると道はしっかりと掘り込まれた道となるので問題はないが、枝道が非常に多いのでこの点でも下り道とする方がいいだろう。道を見ていても昔は相当歩かれていたことが分かる。七六一mピークまでは今もしっかりとした道が続いている。ここからヤケオ山まではあやふやな踏み跡だが、分かりやすい尾根で問題なく歩けた。

●オガサカ道

ずっと昔にオガサカ道を歩いたが、それ以来歩いたことがなかった。登山コースとしてもほとんど利用されていない道であろう。鹿ヶ瀬側からは武奈ヶ岳へと登る人ばかりで釈迦岳あたりへと登る人はめったにいない。登るにしても下りにとるにしても八淵谷の谷道コースは歩く人も少ない厳しいコースであり、道も荒れているので、一般的な登山道とはとても言い難いコースである。

オガサカ道の取り付きは七遍返しの上で、滝群の急から平流の緩へと移ったところだ。谷通しの道と分かれて左の尾根へと登って行く。ここには標識も付けられている。

オガサカ道はシャクナゲやアスナロが被ってはいるがよく踏まれている。当然ながら静寂の心地よい道で、シャクナゲの花の頃に歩いてみたいと思った。取り付き点から一〇〇mほど尾根を登った標高九〇〇m付近から、しばらく山腹を辿ってからウマノセ谷の源流を歩くようになる。山腹に続く道は標高九〇〇mの等高線に沿って続いていた。最後はこの小さな流れから稜線へと登るのだが、実に上手く造られた気持ちのよい道だった。

オガサカ道からのコヤマノ岳と武奈ヶ岳

稜線に出たところは次郎坊と呼ばれている。登山地図には比良明神と文字が入れられているところで、数体の石仏が祀られている。『比良連嶺』や『比良 研究と案内』の付図ではひとつ北側の旧郡界の尾根にオガサカ道が入れられているがこれは間違いであろう。

●まぼろしの滝望見道

オガサカ道分岐から分かりにくい踏み跡を辿ると谷は二俣になり、右の本流側に入ると左に切り返す尾根へと登る道が続いている。ここがまぼろしの滝望見道の取り付きで標識も立てられている。この道は山本武人氏の『比良の詩』によれば、昭和三四年に比良索道の手によってシャクナゲを見ながらまぼろしの滝を眺める道として開かれたという。そこにはこのまぼろしの滝も古くからこの名があったことが書かれている。

取り付きの斜面を登ると旧比良スキー場までずっと尾根通しに登って行く。樹林の中の単調な道でシャクナゲの花と滝の望見を楽しむためだけの道なのだが、今では木々が邪魔をしてまぼろしの滝は見えない。二・五万図には取り付きの二俣のすぐ上部に滝マークが入っているが、まぼろしの滝はこれではなくもう少し上流にある。

この道もオガサカ道と同じくほとんど歩かれていないが今もしっかりと続いている。登山道は標高差一五〇mほどなので八淵谷との連絡路としてではなく、八雲ヶ原の旧比良スキー場から八淵谷上流部の静かな谷を歩き、広谷、八雲ヶ原へと戻る周回コースとして使えば、比良の良さを大いに感じることができるコースとなるのではないかと思う。

●カラ岳北西稜

旧滋賀郡との郡界に伐り開き道があることはすでに書いているが、ツルベ岳のナガオから八淵谷を横断してカラ岳に至るこの郡界にもやはり伐り開きがある。ただし八淵谷を挟んだ両側は二・五万図の郡界通りには伐り開きがつけられていない。

郡界は八淵谷を中心に〝く〟の字を描くように忠実に尾根通しに続いている。ナガオ側では約八八〇mから郡界が引かれた尾根は東から北へと振って行くが、実際の伐り開きはこの

カラ岳北西稜からのナガオ

ピークから真っ直ぐに東へ八淵谷へと下っている。山腹道のこの分岐には枝が置かれて間違って入らないように道が塞がれている。一方のカラ岳へと至る伐り開きも実際の郡界の線通りではなく、ナガオ側から下りたところから真っ直ぐに尾根へと登り、標高約八八〇m付近で郡界の線と合流している。八淵谷を歩いていてもこの取り付きは分かりにくいが、よく見ると北比良財産区の標識やテープ、トラロープなどが見られる。

カラ岳の無線中継所の建物の裏側へと回ると年号の入った北比良財産区の標識が木にくくり付けてあり、かすかな伐り開きが続いていた。よく見れば木が切られているので伐り開きであることが分かる。稜線から八淵谷まで藪を漕ぐことなく三〇分ほどで下りられる道で、登山道としての利用とすれば、ガリバー村を基点としてツルベ岳や武奈ヶ岳へと登って、この郡界の伐り開きやオガサカ道、まぼろしの滝望見道を使っての周回コースとする、変化のあるバリエーションコースとなるだろう。ちょっと上級者向きとなるが、八淵谷山腹道を往復するより変化がつけられる。滝の下りはナガオの郡界伐り開きや貴船の滝の上にある山腹道への連絡路から滝道を避けることもできる。

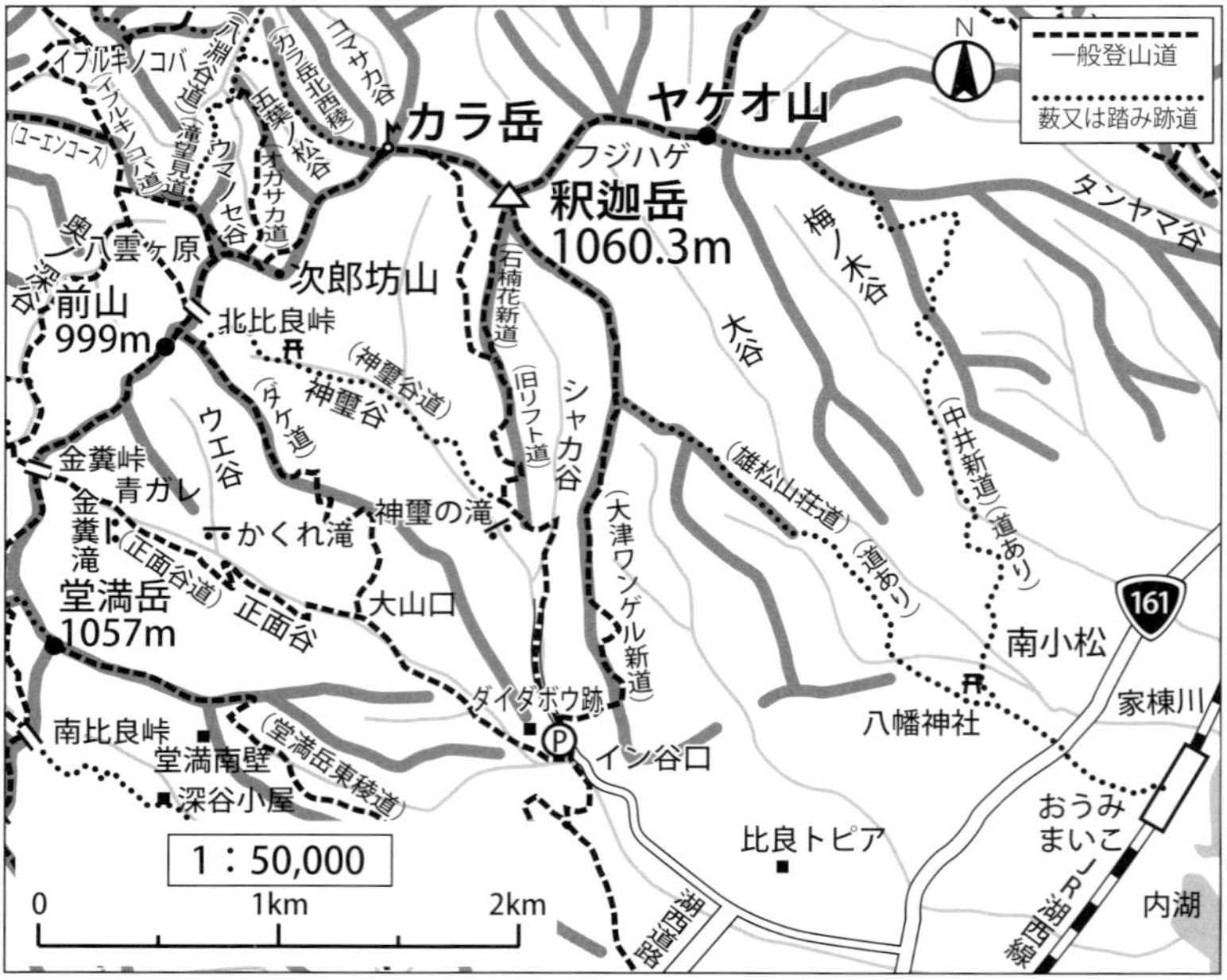

ヤケ山《やま》約七〇〇m・滝山《たきやま》・七〇三m

〔地図一四二頁〕

●大石道　●寒風峠道　●滝山南東尾根道　●滝山南東尾根オトシ道

寒風《かんぷう》峠を中央に、ヤケ山、滝山と滝山南東尾根上の六二二mピークに囲まれた滝川の右俣のシシガ谷は、オトシと呼ばれる緩やかな湿地が広がる特殊な地形を形作っている。稜線の南側にあるヤケオ山の頂上からこれを見下ろすと、傾いたお椀のような形を持つオトシの全貌を眺めることができる。

シシガ谷はこの椀状の水を集めて、標高四五〇mあたりから、山裾の扇状地を形成し始める標高二〇〇m付近の間で一気に切れ落ちている。この地形は酒を注ぐ片口のような形とでも形容すればいいのだろうか。その注ぎ口にあたる切れ込みが楊梅《やまもも》の滝で、雄滝四〇m、薬研《やげん》の滝二一m、雌滝一五mの三段七六mの県下一の落差を誇っている。

琵琶湖岸からはシシ岩を始めとしたいくつもの岩を散りばめた緑の懸崖から、白布をたらしたように豪快に水を落とす楊梅の滝が眺められる。これほどの絶景はそう見られないと思うのだが、この美しい風景を意識して眺めている人はほとんどいないのではないだろうか。そしてこの滝を落とす渓流や散らばる岩場は、クライミングを楽しむ人たちのゲレンデともなっている。

滝見台からの楊梅の滝とシシ岩

楊梅の滝は大石道の滝見台からも望見できる。この連続する滝が終わったところが山麓に広がる扇状地の最上部で、シシガ谷はここで左俣のタンヤマ谷と合流して滝川となり、北小松の南で琵琶湖に注いでいる。オトシとはこの片口のような地形となって滝を落とす姿を表現した言葉かと想像している。

このオトシには一九七〇年代に関西電力が、琵琶湖までの落差を利用して発電する揚水ダムを建設する計画があった。しかしダム建設はオトシの貴重な自然を守ろうという猛烈な反対運動が起き、中止になっている。もしダムが出来ていたらこの一帯はどんな姿になったのだろうか。

オトシを囲むヤケ山、滝山やすぐ隣りにある嘉嶺ヶ岳《かねがたけ》に三角点はない。二・五万図には山名の表記もなく、これらの山は比良の主稜上にありながらガイドブックなどでもほとんどふれられることもなかった。比良全山の中でも最も目立たないピークといえるだろう。しかし滝山の標高七〇三ｍという数字は七〇二ｍの鳥越峰をぎりぎり上回る、リトル比良では最も高いピークである。

滝山は樹林に囲まれた頂上らしさのないピークだが、ヤケ山の丸く伐り払われた山頂からはヤケオ山やツルベ岳、武奈ヶ岳方向が開けている。登山道としては東山稜の縦走路があり、その東山稜へと登る滝川からの道といえば、北小松と鹿ヶ瀬《ししがせ》を結ぶ寒風峠道や、ヤケ山への登路となる大石道がある。それと一般的ではないが、滝山南東尾根道やオトシからこの尾根支稜を登る尾根道がある。また二・五万図には大石から西北に鹿ヶ瀬へ延びる尾根に破線路があるが、道は消滅しておりここでは取り上げなかった。この両山はJR北小松駅を起点、終点としての登山がほとんどだが、JR北小松駅は東山稜や鹿ヶ瀬や朽木方面への横断コースの基点として非常に便利な駅となっている。

ヤケオ山山頂から見るオトシの全貌

●大石道

大石道は釈迦、ヤケオから縦走して北小松へ下る寒風峠道の近道として、もともとあった道をさらに切り開いたものであった。昭和三十年代である。

『比良 研究と案内』には〝もともとは官公造林道であったものを、前記中井氏の提唱で北比良の田辺翁（石楠花新道の開拓者）その他二、三の人が、涼峠までの近道を切り開かれたとか。〟と書かれている。パンフレットなどには「第二中井新道」とされていたのを中井一郎氏の意見により、大石道と名付けられた。

豪快に流れ落ちる楊梅の滝雄滝

大石の名はタンヤマ谷右俣源頭のコブを地元で呼んでいた地名だという。古い登山地図ではヤケ山を大石とされているものもあるが、現在（二〇一〇年版）の昭文社の地図では、ヤケ山の西にある七〇五mピークに大石の名が記されている。山頂の西側に大石が連なっており、これが由来となるのだろうか。

北小松駅の登り口には見事な風情のしだれ桜がある徳勝寺と、コバノミツバツツジで知られる種徳禅寺があるので、春は楽しいコースである。駅から登って行くと「比良山岳センター」の先で車道が切れ、登山道が始まる。最初から道が二つあり、普通に尾根を登る道と楊梅の滝の雌滝を経由する道に分かれている。雄滝への道も尾根の登山道から分かれていて、間近に見ることができるのでぜひ立ち寄ってほしい。近

大石道と寒風峠道を分ける涼峠

よって下から仰いで見る滝は迫力があり、望見する眺めとはまた違ったものがある。尾根登山道の滝見台、第二滝見台からも望見できる雄滝は、シシ岩を始めとした岩壁が点在する緑の斜面に落ちる見事な滝である。シシ岩はクライミングの対象としてこの周辺の岩場とともに登られているようだが、昭和初年にすでに角倉太郎氏等三名によって完登されているという。そんな当時からこんな岩へも眼をつけた氏の、比良への情熱とアルピニスト魂には驚かされる。

大石道の尾根にはすぐ横に水流がある

　登山道は登り始めはきつい道だが、やがて傾斜も弱くなって歩きやすくなると涼《すずみ》峠に着く。木陰の下の名前の通りの気持ちのいい場所である。この峠はオトシへと続く寒風峠の道とヤケ山へと登る尾根道の分岐で、ここに木の板で造った小松柴出シ唄の歌詞が書かれた、おしゃれな碑が立てられている。北小松地唄保存会の名前が入っている。

ヤケ山頂上からの釈迦岳と武奈ヶ岳

　大石道は左に尾根へと登って行くが、はじめは尾根の稜線ではなく山腹道となっている。やがて尾根に出て右に源流状の浅い谷が広がり、オトシのお椀の縁を辿って登って行く。標高六〇〇mあたりからヤケ山の最後の盛り上がりとなり、急登に汗をかいて山頂へと出る。山頂には紅ドウダンが鮮やかな朱の小さなベルを鈴なりにぶら下げていた。

ヤケ山頂上に咲くサラサドウダン

●寒風《かんぷう》峠道

　寒風峠は山登りを始め比良を歩き出した頃、妙に記憶に残った地名であった。かんぷうとうげという音の響きが印象に残ったようだ。寒風という地名はよくある地名で、風が吹き抜ける場所なのであろう。この名前とは逆に峠の様子はさっぱり覚えていない。峠からオトシへと何度か下っているのだが、オトシは記憶にあっても峠の方はまったく記憶に残っていなかった。やはりオトシの地形が印象に残るほどに、平凡な峠の記憶は飛んでしまうのであろう。

峠道でひとつ記憶に残っていたものがある。阪田郡石田村松田久治郎の名が入った「左はたみち」と彫られた石の道標である。比良の麓ではなく琵琶湖対岸の坂田郡石田村という地名が不思議に思えたのであろう。山本武人氏の『比良の詩』には鹿ヶ瀬の人に聞いた話として、鹿ヶ瀬や黒谷に寒風峠を越えて牛や馬を売りに来ていた、石田村の松田久治郎という博労が建てたものと書かれている。この道標が立つ通り、右にも流れを縫ってかすかな道が続いていて、谷から尾根へと登って滝山南東尾根上へと出る道もある（滝山南東尾根オトシ道として紹介）。

無数の細流が集まるオトシ

峠道は湖岸側から登ってくれば小松柴出シ唄の木の歌碑が立つ涼峠から右へ谷へと下って行く。涼峠は尾根上の最も流れに近い位置にあり、下って行くとすぐにオトシの流れとなり、地形を利用した見事な道の造りである。多くの人に歩かれたということがすぐに分かる道だ。鹿ヶ瀬と湖岸を繋ぐ峠道の役割もあったのだろうが、柴出シ唄の通り麓の入会《いりあい》山としてよく使われたのだろう。

オトシの中に立つ「左はたみち」の碑

オトシの中は自然の庭園のようだが杉の植林地が多いのが残念だ。自然林のままなら雰囲気も大きく違っていたことだろう。道は小さな流れを何度も渡りながら登って行く。ところどころでじくじくと水の溜まるところがあるが、丸木などが渡してあり峠まで歩きやすい道がゆっくりと登っている。

峠は緩やかに広がった樹林の下のコルで、両側にしっかりと踏み込まれた道となって下って行く。東側の北小松側は現在も登山者には比較的使われているが、西側の鹿ヶ瀬へと下る道はあまり歩かれていないようである。

鹿ヶ瀬側は県道が小白ヶ谷にかかる橋のすぐ先で左へと林道が分かれているがここが登山口で道標も立てられている。林道へ入ると鹿除けの金網の柵があり、左側は植林地になっているが昔の棚田跡である。林道が終わって流れを渡ると細い山道となって流れの横を登って行く。鴨川の源流はどこも同じような花崗岩の小流で、常緑樹の多い暗い林の中を流れている。二俣を左に入る付近が少し分かりにくかったが、今も藪がかぶることなくしっかりと峠まで続いていた。

●滝山南東尾根道

嘉嶺ヶ岳から南に植林地の中の主稜線を登ると雑木林へと変わり、稜線は西へと直角に向きを振る。この向きを変えるところから左に少し登れば滝山の頂上に出る。ゆったりと雑木林が広がる山頂らしくないところである。

この滝山から牛山まで南東に延びる尾根に、登山地図に破線、実線のルートが記入された道がある。登山者もほとんど通らない静かな道だが、昔から北小松の人びとが通った古道である。

鵜川からの滝山南東尾根末端の牛山

滝山から少し下ると平坦な尾根がしばらく続いている。そして道はここから谷へと下るのだが、下り始める少し手前で右に道が分岐する。右の支尾根に続くシシガ谷のオトシへと下る道である。南東尾根道はまっすぐに進み谷の小さな流れへと下って行くと、道はあやふやになってしばらくは谷に沿って下って行く。やはり谷の中に入ると相当にしっかりと踏まれた道でないと荒れてしまうようだ。しかし谷から山腹へと道が移ると、あれだけあやふやだった道もしっかりと踏まれた広い道になってくる。木には北小松区有林の標識が付けられていて、下るにつれ深く掘り込まれた立派な道へと変わって行く。
　そして山腹をジグザグ道に下るようになり、標高五〇〇ｍくらいから小さな尾根を一気に下って行く。石が転がる歩きにくい道となるが、以前はかなりの人たちがこの道を使っていたのだろう。よく使われた素晴らしい古道であった。

谷から山腹へと移ると道はよくなる

　最後は北小松最上部にある別荘地に出て、北小松駅へと下るのだが、登りのルートとすると取り付きが分かりにくく、枝道も多いので注意したい。

▼ヤケ山・滝山モデルコース

　JR湖西線北小松駅を起点・終点とした、ゆったりと山を楽しむ設定にしている。寒風峠道か大石道を登り、滝山から南東尾根を下って周回するコース。滝山山頂は東主稜の縦走路から少し東に入った樹林の中にある。ここは標識もないので注意が必要だが、縦走路が九〇度曲がっているところなので分かりやすい。滝山から東に延びる南東尾根は、谷の源流へと下る部分が分かりにくく、一般ルートではなく歩く人も少ないが、その部分さえ注意すれば、あとはよく踏まれた道である。

コースタイム

JR湖西線北小松駅（0：40）登山口（0：40）涼峠（0：50）寒風峠（1：20）滝山（1：50）滝山登山口（0：20）JR湖西線北小松駅

●滝山南東尾根オトシ道

　滝山南東尾根を下って行くと小さなピークが並ぶ平坦な尾根となる。道は山腹に続いておりやがて谷の源流へと下って行くのだが、谷へと下ろうとする少し手前で右へと分岐する尾根に道が続いている。南東尾根を下った時に少しこの尾根道を辿ってみて、これが登山地図に入れられている、南へ大きく延びる六二二ｍピークを経てオトシへと下る尾根通しの破線のコースだと思っていたが、後に歩いてみて初めて違うことに気がついた。

登山地図に破線でコースが示されている尾根は、南へと分岐する尾根の入口が分かりにくくて道もしっかりとしたものではなく、それに対してこの西へと分岐する尾根道の方が極めて明瞭であった。

谷の登り口の古い石積み。堰堤か？

オトシの「左はたみち」の標柱から右への谷にもかすかな道が続いている。登山地図にある六二二mピークへと登る尾根の取り付き付近で道を探したのだが、それらしいものは見つからなかった。うろうろと歩くうちに少し奥に尾根へと登る道があった。そんなにしっかりとした道ではないが、藪に煩わされることもなく、尾根の斜度も緩やかなもので実に歩きやすいルートで、簡単に南東尾根へと上がれた。

やはりこれが南東尾根を下った時に少し辿ってみた尾根道だった。ほとんど登山者には歩かれている様子はないが、随所に黄色いテープが巻かれていた。

岳山、岩阿沙利山とリトル比良を縦走する登山者は多い。普通のペースなら寒風峠道から北小松駅へと下ることになるだろうが、滝山からこの道を下るのが一番早くて楽なコース取りとなる。南東尾根道とともにもっと歩かれてもいいコースであろう。

岩阿沙利山《いわじゃりやま》△六八六・四ｍ・嘉嶺ヶ岳《かねがたけ》約六六〇ｍ

〔地図一五〇頁〕

●鵜川中尾根 ●鵜川左俣 ●鵜川越 ●ニワトリノ尾

岩阿沙利山と書いてイワジャリヤマと読むようである。仏教用語の阿闍梨《あじゃり》なら一般には衆僧の模範となるべき高位の僧侶の称号というが、密教においては大日如来等の諸仏を指すことがあるという。この山頂付近の点在する大岩を諸仏と見立てたのであろうか。頂上から西側を少し下ったところに仏岩という大きな岩があり、クライミングのゲレンデとなっているようだ。岩阿沙利山一帯の岩を諸仏とした曼荼羅絵図に例えると、この仏岩が中心仏の大日如来ということになるのだろうか。

岩阿沙利山の南の鵜川越《うかわごえ》から稜線を南下すると、三つのピークを通過して一度コルへと下り、急斜面を少し登ると滝山に着く。登山地図では、その三ピークの一番南の標高約六六〇ｍのピークに嘉嶺ヶ岳の名が入れられていて、〝かねがたけ〟とルビがふられている。

『高島郡誌』を見ると「應永二十三年隣村北小松村と山論ありて村境は上はかれいが嶽の水落を限り」と書かれている。嘉嶺ヶ岳の尾根や谷を巡っては、鵜川《うかわ》と北小松の間で何度も相論が繰り返されていたようだ。現在の両集落の境界を見てみると、このかれいが嶽が現在の嘉嶺ヶ岳にあたる山と思われ、〝かねがたけ〟は〝かれいが嶽〟と呼ばれていたことになる。

地図を見ると嘉嶺ヶ岳を源頭にもつ鵜川源流《うこがわ》の支谷の一つにカネヶ谷の名がある。この谷名の源頭の山としてカネヶ岳という山名が生まれたとするならば、古い文書の方が〝かれいが嶽〟となっているのは納得がいかない。かれいが嶽の名前は、嘉嶺ヶ岳と漢字にすれば〝嶺〟が〝ね〟と〝れい〟とに読み分けられたとも考えられるが、漢字はさまざまに当字がされるので、音の変化から読み方が変わったと考える方が妥当であろう。そもそもカネヶ谷の谷名自体が、カレヶ谷からカネヶ谷に変化したとも考えられるのではないだろうか。付近は岩やガレが多く涸ヶ谷という谷名があっても不思議ではない。

同じ地名について言えば、登り口の集落の鵜川は〝うかわ〟、川名の鵜川は〝ウコガワ〟と呼び分けているが、『角川日本地名大辞典・滋賀県』によると、集落名の鵜川は集落の南を流れる〝うこう川〟が転訛したものと伝える、とあり一方、川の解説の項では鵜川と北小松両集落の境となっているので、両方の頭文字をとってウコ川というと書かれている。矛盾した説明であり、何が語源か結局分からない。

両山は七〇〇mを切る小さな山であるが、岩阿沙利山はリトル比良の主峰というべき山である。比良主稜の寒風峠以北にはいくつものピークがあるが、どれもがドングリの背比べ状態。しいてあげるなら目立つ岩稜を持ち、唯一の三角点ピークであるこの山がメインとなるのであろうか。しかし他の主立ったピークの滝山、嘉嶺ヶ岳、鳥越峰は東側に大きな尾根を延ばしているのに、この山は大きな支稜を持たないスケール的には小さな山である。また登山道も縦走路が通過するだけで、麓から直接この山へと登る道はなくその点でも物足りなく思っていた。しかし西側の富坂口からはガレの斜面が広がり岩場を点在する険しい尾根が見上げられて興味をそそった。ここには登山地図にニワトリノ尾という地名が入れられている。登山道の記入はないが面白そうなので、その細かく分かれた尾根のひとつを歩いた。

春の岩沙利山オーム岩からの眺望

●鵜川《うこがわ》中尾根

鵜川《うこがわ》両俣間を一直線に延びる鵜川中尾根は登山地図には登山道が入っていないが、しっかりとした道がある。ほとんど歩かれていないようだが、比良らしい山登りが味わえるコースだった。

鵜川中尾根へは鵜川に沿う林道村井《むらい》鵜川《うかわ》線から取り付いた。棚田の間を登って鹿除けの柵の扉を開け林道を登ると、左に鵜川の流れへと下る道がある。これを下り堰堤の下で右岸へと上がると山道に出合う。北小松から上がって来ている道である。この山道を少し進むと木にテープが巻かれた目印がありこれを下ってみると、両俣出合上流の左俣に下りた。

右へ斜面を登るとすぐに尾根へ出て道と出合う。しっかりと踏まれた道が嘉嶺ヶ岳まで続いていた。鵜川、北小松両集落の境界は鵜川両俣分岐から中尾根に延びており、江戸期からこの境界を巡って鵜川と北小松の間で何度も争いが続いてきたという。

東山稜の山に多いシダのかぶさる道

人の手の入った快適な道が続き、随所に眺望の開けたところが出てくる。道には鵜川生産森林組合の標識が付いていた。眼下の風景はぐんぐん広がり琵琶湖の眺めが爽快。急登となるところも少なく道もしっかりとしていて歩きやすいが、日当りがいいので暑い時期は辛い尾根となりそうだ。下りのルートとする方がいいかも知れない。

最後に嘉嶺ヶ岳に出る手前付近は美しい雑木林となっているが、稜線が分かりにくく道が交錯している。稜線を歩いて迷う人が多いのだろう。

大きな木がない尾根からは琵琶湖が望める

●鵜川《うこがわ》左俣

ウコ川は鵜川《うかわ》と北小松の境界をなしていて、その境界は鵜川《うこがわ》両俣の中尾根稜線を嘉嶺ヶ岳まで続いている。『比良 研究と案内』の付図には両俣の右俣をトウギノ谷、左俣をウカワノ谷としている。トウギノ谷はその名の通り鵜川越への峠道がある谷で、今は林道村井鵜川線がトウギノ谷の左岸山腹を通っているが、昔は鹿ヶ瀬と鵜川を繋ぐ峠道があった。

ウカワノ谷と呼ばれている左俣にも、古い登山地図を見ると道の線が入れられている。中尾根へのアプローチにこの左俣から取り付いたのだが、古い立派な道が続いていたので気になって歩いてみた。

前回中尾根に登ろうとこの左俣にきた時は林道鵜川村井線から入っているが、今回は別ルートから入った。北小松地区の北端で湖岸まで張り出した尾根が切れて左手に棚田が開けたところで、細い車道が山へと登って行く。

車道から山道と変わり進んで行くと鵜川の流れに近づいて、道は自然に左俣へと入って行く。道には田んぼの灌漑用ポリパイプがかなり奥まで道に延びていた。今はあまり歩かれている様子がないがしっかりとした道で、北小松区有林という札が随所に付けられていた。

パイプの取水口となっている小さな流れの落ち込みのところから道は悪くなっている。樹木の倒れ込みがありまったく手入れをされている様子はないが、道はしっかりと続いている。流れを渡るところには石橋が架けてあるところもあり、昔は多くの人が入った道だということが分かる。

谷は標高三二〇m付近で左に支流を分け、道も左へと入っていく。道は本流に続いているはずなのにおかしいなと思いながら、右の本流へと流れに沿って少し登ると二段の滝が出てきた。この滝を右岸から巻こうとしたところでスリップ。左足を流れに突っ込んで靴を

切り出された石材を使って橋が架けてある

濡らすはめになり、舌打ちしながら登りかけると道と出合った。この滝を避けるために、いったん左俣に入ったところで右に切り返して山腹を高巻くように右の本流へと入っていたのだ。

滝はここだけで谷はゆるやかに斜度を上げて行く。広くて流れの横に道も続いていて歩きやすく、水流は小さな落ち込みなど変化があって見飽きない楽しいコースだった。植林地の中を登って行くようになると、稜線はもう近い。あくまでも水量の多い本流を辿ると、最後は見覚えのある嘉嶺ヶ岳の頂上に出た。源頭から斜面が緩やかに下っており、水は頂上のすぐ下から流れ出していた。雑木の疎林の広がりが美しく、こんな明るく気持ちのいい林に登り着くと、この谷を登って良かったという気になった。

嘉嶺ヶ岳直下の明るい尾根

▼岩阿沙利山・嘉嶺ヶ岳モデルコース

岩阿沙利山・嘉嶺ヶ岳の両山は東山稜の縦走路以外には一般登山道はない。そこで選んだのは登山地図には登山道の記入がないが、比較的しっかりとした歩きやすい鵜川左俣を嘉嶺ヶ岳に登り、鵜川中尾根を下山コースとしてみた。特に鵜川中尾根は普通の登山道といってもいいような道である。余裕があれば岩阿沙利山へと往復してもいいし、鵜川に下らないのなら東山稜の縦走路を北に岳山まで縦走してJR近江高島駅へと下るのが一般的なコースとなる。

コースタイム

鵜川（0：15）鵜川左俣林道（2：00）嘉嶺ヶ岳（1：30）鵜川

●鵜川越《うかわ》

鵜川越は鹿ヶ瀬《ししがせ》、黒谷《くろだに》などの人たちが白鬚《しらひげ》神社への参拝の道として利用していたという。鈴鹿の多賀大社へと向う五僧越《ごそうごえ》や鞍掛《くらかけ》峠と同じ、信仰の道でもあった。すぐ南の寒風峠道とともに多くの人が歩いた峠道だったのだろう。

今はどうだろうか。もちろん峠道はどこも徒歩で山越えすることもなくなってから久しいのだが、山仕事や登山者用の道として命脈を保っている峠道も多い。鵜川越も『比良 研究と案内』を見るとリトル比良の登山コースとして使われており、当時はしっかりとした道があったことをうかがわせる。しかし現在は、鵜川右俣の山腹に林道鵜川村井線が開通している。谷には植林もされていて山仕事に入る人もいるのだろうが、車で林道を使って入るようになっているので、信仰の道として使われていたという峠道はどうなったのか気になっていた。

林道があるので遡るより下る方が分かりやすいと思って、鵜川へと下ってみた。旧峠は林道の鵜川越から北へと縦走路を少し登ったところにある。峠とは思えないような何気ないところで、鵜川側はすぐ下を林道が横切っている。鹿ヶ瀬側も微かな踏み跡が残るだけの忘れられた道であった。

林道の峠の切り通しに戻って適当なところから谷へと下るとすぐにまた林道が横切っていた。さらに谷へと入り道を探すが、道らしきものが残っていてもこれが旧峠道かどうかは判別できない。付近は植林地で暗い林の中である。かすかな道を求めて下るともう一度林道が横切って左岸側へと移る。ここから先はずっと左岸山腹に林道は続くようになる。

林道から谷へと入りしばらく下ると右岸側は若木の植林帯となって明るく開けている。この植林の中の山腹に仕事道が通じているが、何とも歩きにくい。これが峠道だったのだろうかと訝るような道だったが、やがて植林帯が終わって自然林の中に入るとしっかりとした道が続くようになった。やはりこれが昔からの峠道だった。

道はやがて流れへと下って行き橋を渡って左岸へと移った。石垣が組まれた橋は真ん中で折れてへこみながらもかろうじて渡れた。もう間違いなく昔の峠道である。左から支流が合流したところで、支流の見上げる

石垣を組んで橋が架けられていた

ところに堰堤があった。林道が造られた目的はこの堰堤の造築にあった。鵜川の山々は花崗岩が風化した白砂が露出した荒れ山となっていたという。盛んに行われた石の切り出しなど、人の手が入りすぎて荒れてしまったのだろう。

打下《うちおろし》、鵜川の境界表示に出会うとすぐに林道に出た。やはり旧峠道は思ったとおり廃道同然であったが、何とか旧道を辿ることができた。どんな形でもいいので人びとの歴史が刻まれた道は残してほしいものである。

峠道の鹿ヶ瀬側も気になっていたので後日歩いてみた。峠付近は心細いような道が下っているが、さらに下って行くと意外にもしっかりとした道である。地元の人も登山者にもほとんど使われていないようだが、しっかりと踏まれた道が続いていた。夏の真っ盛りに歩いたが藪もまったく気にならず、よく使われていたということが想像できる道であった。下って行くと堰堤が見えたところで林道となりそのまま進んでしまったが、旧峠道は流れに沿って続いていることに気づいて戻ってみると、林の中に小道が続いていた。最後はお決まりの放棄された柵田が現れて鹿除け柵の扉を抜けると田んぼが広がった。前にはツルベ岳からカラ岳と続く八池《やち》谷源流の稜線が見えている。集落に出たところは浄願寺というお寺の前で、登山用の道標類は一切なかった。

●ニワトリノ尾

岩阿沙利山の北西面に登山地図を見るとニワトリノ尾という尾根があり、そこに仏岩、天狗岩という名称が入れられているのが気になった。中溝からはガレや岩が見上げられるが、これがニワトリノ尾の語源だろう。山名によくある鶏冠山と同じで、ガレや岩場の連なりを鶏のとさかに見立ててニワトリノ尾（尾は尾根の意）としているのではないだろうか。

天狗の面のように見える岩

岩阿沙利山の頂上から北西にも道が続いている。この道へと入らないように、立木に登山道ではなく工事のための道という札が付けられていた。右手には三角の均整のとれた鳥越峰が眺められ、斜面一面に散らばるタムシバの白い花が美しい。この道を少し下ると仏岩で、クライミングのゲレンデとなっている。

さらに下ると砂防工事がされたガレに出る。急なガレを避けながら尾根伝いに下ると踏み跡は切れ切れになり分かりにくくなってくるが、ここより下のガレの斜面はどこも砂防工事が施されていた。山慣れない人には難しいルートである。

踏み跡は消え左の浅い谷を渡って尾根へと乗ると、ガレが切れ落ち大岩が突き出す岩峰に出た。この尾根も下れないのでさらに左へとトラバースしてルンゼ状の谷を下った。この大岩を下から撮った写真を見るとまさに天狗の顔に見えた。

谷から尾根へ、右へ左へと悪場を避けながら松の若木の藪をくぐって行く。やがてガレもなくなり次第に尾根の傾斜もゆるくなって谷へと下りた。そして中溝の集落の棚田に出ると、谷奥には比良山系Y字の付根にあたる釈迦岳、武奈ヶ岳、ツルベ岳などの山々が見上げられた。

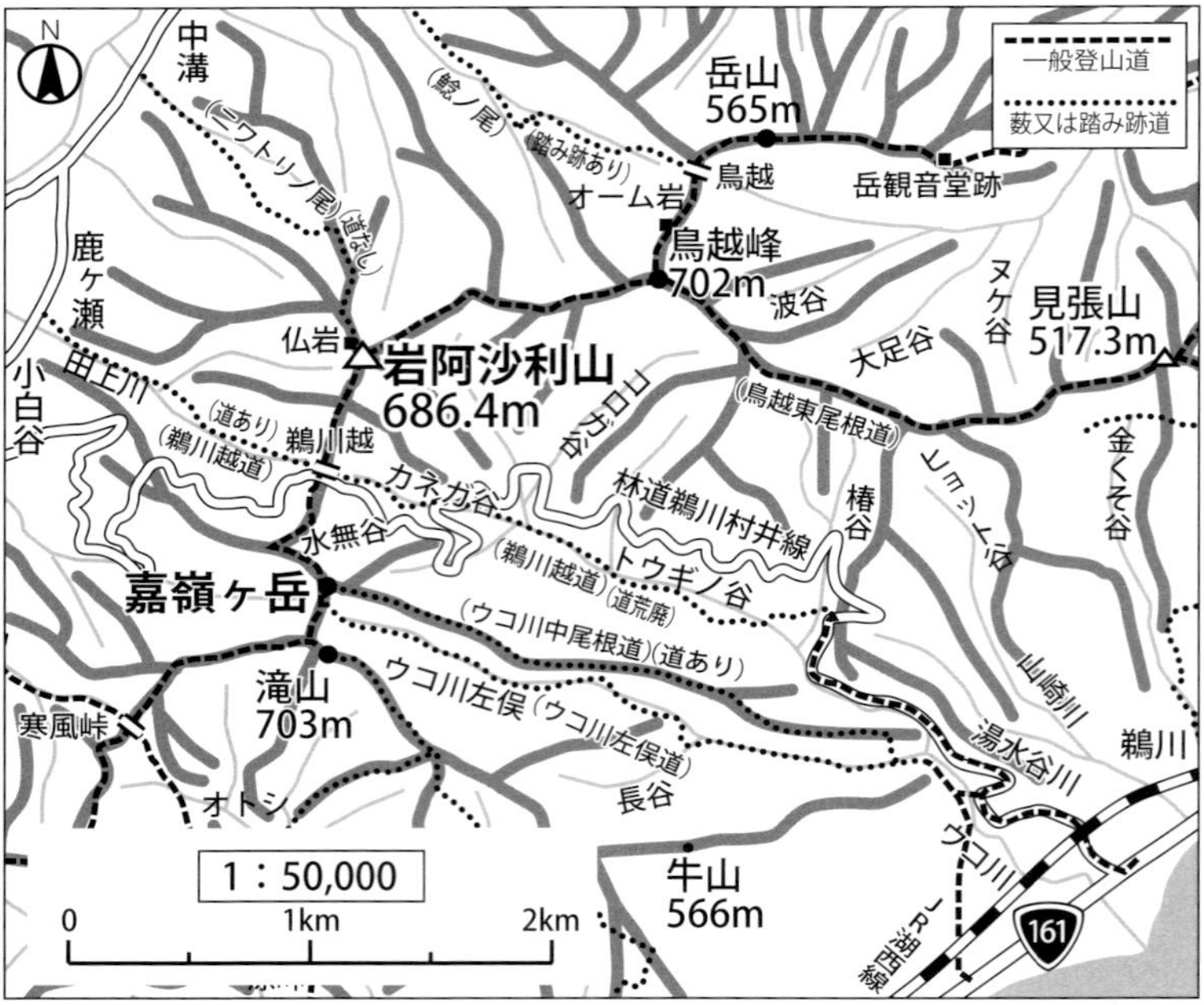

岳山《だけさん》・五六五m・鳥越峰《とりごえみね》・七〇二m・見張山《みはりやま》△五一七・三m

〔地図一五七頁〕

●岳山登山道 ●鳥越峰東尾根道 ●見張山登山道 ●鯰ノ尾

比良東山稜の寒風峠から北の山稜をリトル比良と名付けたのは角倉太郎氏である。Y字形の比良山系の南半部の主稜に対した表現で、まさに比良らしい地形を持った小さく可愛らしい比良と例えた、比良への愛情をそそいだ氏らしい命名であろう。

戦前の角倉氏の著書『比良連嶺』にはこの付近のことはほとんど触れられていない。寒風峠から北の山稜は登山道もなく、戦後になってから歩かれるようになったのだろう。昭和四一年発行の角倉太郎、阿部恒夫共著の『比良 研究と案内』でやっとリトル比良の紹介が出てくるようになるのだが、付近の尾根や谷には昔から多くの仕事道があったはずだし、今も鵜川《うかわ》集落から山へと入っているいくつもの道と出合う。主稜線はあまり歩かれていなかったのであろう。それが登山やハイキングといった趣味が盛んになる昭和三〇年代に入ってから、地元の人や膳所高校山岳部、江若鉄道、滋賀県山岳連盟などの努力によって、主稜線の道が拓かれたのである。

リトル比良北端の岳山一帯を古くは三尾山《みおやま》と呼ばれ、奈良時代には東大寺造営のための杣山だった。岳山中腹には長谷寺岳観音堂があって、毎年七月の九日から一〇日にかけて「ダケの千日参り」とよんで観音堂へのお参りを伝えてきたが、近年人びとの高齢化によって管理もままならぬこととなり、本尊は一九九五年に麓に建てられた新しい観音堂に移されている。奈良の長谷寺の本尊十一面観音像はこの山から流れ出した霊木によって造られたという。岳山も往古は奈良の大寺造営に伐り出すほどの森に覆われていたのであろう。

リトル比良の山稜はＹ字形をなす比良山系全山の形と同じく、ちょっぴり変型したＹ字形をしている。そのＹ字の左山稜に岳山があり、そしてＹ字の交点となる位置に鳥越峰、Ｙ字右山稜に見張山という三角点ピークがある。岳山は親しまれてきた山だが、鳥越峰は七〇〇ｍを僅かに超すピークで、縦走路上から少しはずれたところにある静かな山頂だ。この山頂から東に延びる尾根の末端付近に見張山がある。この尾根を歩く人は少ないが、比良らしい雑木林の続くいい尾根である。見張山周辺には打下《うちおろし》城跡や長法寺跡があり、近江高島駅から歴史散策道として整備されて、いくつかの登山コースがある。

この項を書くにあたって本や地図を読み返していると、疑問に思える箇所があった。それは鳥越峰の山名のことで、この山名は北にある鳥越というコルからきていると推測しているのだが、『比良 研究と案内』では鳥越ではなく烏越とされ、〝ウゴエ〟とルビがふられている。この少し後の昭和四四年発行の昭文社の登山地図『比良山系』（中井一郎著）はコルを烏越、ピークを鳥越峰とされ、現在の登山地図ではコルも鳥越と変わってしまっている。推測とは違って鳥越峰は烏越とは別の山名由来からきているのかも知れないが、いったん本などに載って広まってしまうと、真実が隠れてしまうことがあるので注意したいものである。ここでは現在の登山地図と同じ鳥越としているが、正しい地名は分からない。

岳山頂上にある元嶽岩屋観音

●岳山登山道

高島の音羽から岳山への道はリトル比良の起点として、また比良縦走路の始点、終点として親しまれているコースである。何度も登った道で比良でも好きなコースのひとつである。その良さというのは、かつてこの岳山の中腹に観音堂があって、多くの人に登り続けられてきた歴史深い道の落ち着いた雰囲気にある。それと春のコバノミツバツツジの華やかな彩りが、明るいこの道によくあっている。

音羽の大炊《おおい》神社横にある長谷寺観音堂から登り始める。しばらく林道を進むが春はイワカガミ、コバノミツバツツジが咲き、ピンクに彩られる。建て替えられた地蔵堂から山道となり、やがて低灌木のガレ場の道となって背後に琵琶湖が広がる。ここには石灯籠が建っている。白坂をすぎてから急登が続き、暗い常緑樹の中の石段を登ると岳観音堂跡に着く。

建て替えられる前の地蔵堂とコバノミツバツツジ

左へと隣の尾根へ登って行くと、岩場を縫いシダが茂る雑木林の道となる。白いガレの斜面が現れ、明るいリトル比良らしい道だ。岳山山頂には三角点もなくあまり頂上らしさがないところだが、石を積んだ祠があって元嶽岩屋観音が祀られている。

灌木とガレの尾根に岩が点在する登山道

旧岳観音堂への石段

●鳥越峰東尾根道

主稜線の鳥越峰から東に大きな尾根を延ばし、明神崎へと至って琵琶湖へと落ちている。この尾根の南側に鵜川《うかわ》の集落があり棚田が広がっていて、背後を山に囲まれた鵜川は、大きな野球のグローブに包まれたような地形となっている。後背の山は棚田の水を養い、肥料となる草や柴木を生み出し、ここに暮らす人びとと一体となったまさに里山で、この東尾根山腹やウコ川の谷を歩いていると、鵜川の人びとが仕事に入った多くの道に出合う。

鳥越峰の頂上は縦走路から斜めに切り返すように登ったところにある。付近にはめずらしくブナの大きな木が何本かあり、すこしばかりビッグ比良を彷彿させる。しかし東尾根へと辿るとこの辺りの山らしい雑木林が続いていた。少し下った標高約六三〇mのコルで、尾根は左へ振るように高度を落として続き、ウコ川側へと下る道も残っている。

主稜線と鳥越峰東尾根尾根の分岐

見張山まで雑木林の広くて緩やかな斜面のアップダウンが続いて行く。春は明るくて気持ちのいい尾根である。鉄砲岩、寒風、こうだ谷といった打下《うちおろし》地区の地名表示があり。ろくは石を過ぎると見張山に着く。山頂といっても樹林の広がりの中の一角で、まったく山頂らしさのないところだ。

ここからゆるやかに下って見晴らしのいい鉄塔に出る。高島と鵜川へと下る分岐で、鵜川側へと下った。道は鉄塔巡視路でしっかりとしている。途中「六さんの石切場」という標識に出会い、興味をそそられて寄り道してみた。すぐかなと思ったのだがなかなか着かず、おまけに木が被さって歩きにくく何度も引き返そうかと思いつつ、やっと「六さんの石切場」に着いたところ、それらしきものは何もなくがっかり。道はま

東尾根の鉄砲岩

だ続いているので辿ってみると、意外にも次第にい い道となった。「六さんの石切場」から上へと登る道もあったので、稜線から下ってこの石切場から西へ山腹に延びる道が、どうやら打下地区と鵜川地区の境界となっているようだ。ここには石切場などがあり、至るところに道が延びていた。

元へと戻って下ると今度は長法寺跡への横道があり、またまた寄り道して見学。長法寺は高島七カ寺と呼ばれた天台系山岳寺院のひとつで、山城が築かれていたという。

この巡視路は尾根から谷を渡ったりして続いているが、昔からあった道を使って巡視路としたものだろう。枝道も多く植林地の仕事道としても現在使われている道である。よく整備されて所々で眼下に琵琶湖を望む素晴らしい道だが、登山地図には長法寺跡までしか道は記入されていない。

最後、鵜川集落の最上部の家の横へと出て、通り過ぎてから苦手な大きな犬に吠えられた。危機一髪で通り抜けてほっとひと息。大きく広がる棚田から琵琶湖を望む比良らしいフィナーレ。比良東面のどこを歩いても見られる見慣れた風景だが、この鵜川からの眺めは特上品だった。

●見張《みはり》山登山道

JR近江高島駅から見張山へと登る何本かの道がある。見張山は尾根が琵琶湖岸まで張り出しているその上にあるので、道を移動する人の動きは一目瞭然。まさにその名前の通り要塞にふさわしい地形をしており、長法寺、打下城などの遺跡が残る。

登山道はこれらの遺跡への歴史探訪の道となっていて、北西方向に下る見張谷を挟む両側の尾根に鉄塔巡視路があり、もう一本日吉神社から山王谷を登って尾根に出る三本の道が登っている。鉄塔巡視路は以前に歩いているので、日吉神社からの道を登ってみた。

見張山への登りのトラバース道からの風景

日吉神社は長法寺草創のとき、その鎮守神として坂本の日吉大社より「山王権現」を勧請したと、案内板に書かれていた。とすれば山王谷の道は平安時代から歩かれていた道だということになる。

神社横を流れる山王谷の道の入口はササが被さり道標がなければとても分からないところだった。しかし少し進むとしっかりとした道となって流れに沿って登って行く。途中から左へ急な斜面をジグザグに登る道となって尾根上のコルに出る。左が打下城跡なので城跡まで行ったが、どこの山城跡を見ても往時の姿がまったく浮かんでこない。どれほどのスケールかということも想像できなかった。

コルに戻って少し登ったところが下の鼻打というところで、ここから鵜川へと鉄塔巡視路があり、長法寺跡への探訪道ともなっている。真っ直ぐに登ると見張山だが、ここは先日歩いたのでトラバースする道を使って、見張谷の尾根の鉄塔巡視路から登った。危うい斜面の道だったが尾根に出るとしっかりとした道となり、十分ほどで見張山に着いた。

▼岳山・鳥越峰・見張山モデルコース

JR近江高島駅から見張山登山道を登って鳥越峰、岳山へと縦走してJR近江高島駅へと戻る周回コース。岳山から岩阿沙利山への東山稜はよく歩かれるが鳥越峰東尾根は雑木林が続く静かなコース。

コースタイム

JR湖西線近江高島駅（1：10）打下城跡西のコル（0：20）見張山（1：30）鳥越峰（0：40）岳山（1：00）長谷寺（0：20）JR湖西線近江高島駅

●鯰《なまず》ノ尾

鯰ノ尾とは鳥越峰西面の尾根で、富坂に流れる鉢ノ木谷の途中から鳥越峰の北のオウム岩付近に突き上げている。登山地図には、鉢ノ木谷の林道から実線と破線の道が鳥越へと上がっており、西側からの貴重なルートと

鯰ノ尾の道はシダに覆われていた

なっているが、登る人もほとんどないと思われるルートであった。

　登山口は富坂口付近から車道に入り、民家の裏にある鹿除けの金網柵を開けて入ると、放棄された田んぼの間を抜ける林道を進んだ。美しい蛇谷ヶ峰を見上げながら、コバノミツバツツジの花の中を歩く、春の心地よさに包まれる。

　林道終点から鯰ノ尾に微かな踏み跡が続いているが、ウラジロなどのシダに覆われて道は分かりにくい。隣りの鉢ノ木尾は大きいが鯰ノ尾は小さな尾根である。

　道は尾根をしばらく登ってから、やがて左の谷へと入って行くのだが分かりにくい。尾根の斜面はガレ地が多く一帯は昔、砂防工事が施されている。この道も工事用の道だったのだろう。斜面は石垣が組まれたり砂地に網がかぶせられたりして、踏み跡らしきものがいたるところに延びている。組まれた石垣などを越えて登ると縦走路のコル、鳥越に出た。

比良山を縦走する

比良山系はY字をなす山稜で、Yを分解して南、北、東の三つの山稜に分けると地形を把握しやすい。**南山稜**は南端の霊仙山から武奈ヶ岳、釈迦岳まで、**北山稜**は武奈ヶ岳から阿弥陀山まで、**東山稜**は釈迦岳から岳山までと区分している。それぞれの山稜は、日帰りで二回に分けて歩けるくらいの距離で、一〇〇〇m以上の山が連なる南山稜がスケール的には最も大きい。

比良山系は冬の雪山のラッセルトレーニングやガレ場でのアイゼンワーク、そして夏の沢登りと、四季を通じて親しく通った山だった。しかし今では比良の単純にすっきりと延びた山稜を、琵琶湖を眼下にしながら縦走するというのが、一番比良らしい登山の楽しみ方ではないかと思うようになった。

明るく開けた蓬莱山南の山稜

●南山稜（霊仙山～武奈ヶ岳・釈迦岳）

比良縦走路の南の出発点といえば、従来は花折峠とされてきた。これは現在の花折トンネルの上を峠越えで通じていた、昔の路線バスのバス停の都合からで、本来、比良山系南端の山といえば霊仙山である。しかし今もバス停のある平から花折峠、権現山と、霊仙山をカットして登る人がほとんどだろう。南山稜は霊仙山もしくは花折峠から、北山稜始点の武奈ヶ岳、または東山

比良岳北面の樹林帯

稜始点の釈迦岳まで縦走して、坊村バス停かJR湖西線比良駅のいずれに下るにせよ、二日に分けてのコースとなる。
　南山稜縦走は、ホッケ山辺りから蓬莱山までの笹原の道に開ける豪快な展望、比良岳南面のゆったりと広がった斜面の樹林の美しさ、葛川越から南比良峠間の樹林の山稜からの琵琶湖の眺望、春から初夏の堂満岳、釈迦岳辺りのシャクナゲやドウダンツツジの彩り、そして武奈ヶ岳からの

秋の八雲ヶ原湿原

コヤマノ岳直下から武奈ヶ岳へ

雄大な展望と鮮やかな紅葉など、見所の多い楽しい縦走となるだろう。
　コースは無雪期では整備されていて道標も多く問題になるところはないが、積雪期は蓬莱山周辺を除いて歩く人は少なく、ラッセルは厳しいし、ルートファインディングにも要注意だ。特にクロトノハゲから木戸峠間はトラバース道で、急な谷を横断するところは慎重に歩きたい。

コースタイム

栗原（0：50）滝谷登山口（0：50）霊仙山（0：30）ズコノバン（0：40）権現山（1：00）小女郎峠（0：30）蓬莱山（0：50）クロトノハゲ（0：20）木戸峠（0：50）葛川越（0：50）荒川峠（0：20）南比良峠（0：40）堂満岳（0：40）金糞峠（0：40）北比良峠（1：20）武奈ヶ岳（0：20）ワサビ峠（1：20）坊村

●北山稜（武奈ヶ岳〜阿弥陀山）

北山稜は武奈ヶ岳から阿弥陀山までの、Y字上部の西側の山稜を指す。この稜線は南山稜のような明るい笹の斜面はほとんどなく、自然林と杉、檜の植

林帯が続いており、一部にブナ林が混じっている。北山稜は蛇谷ヶ峰北側の入部谷越から北は登山道もないので、縦走路は蛇谷ヶ峰止まりとなる。

縦走路は両端の武奈ヶ岳、蛇谷ヶ峰周辺以外は登山者は少ない。無雪期で普通に歩いて二日コースとなり、日帰りではどちらから歩いても、中間の地蔵山西北尾根から村井、もしくは九二三m峰の西尾根道から栃生へ下るのが、一日のコースとなるだろう。

武奈ヶ岳から蛇谷ヶ峰までの北山稜は道はしっかりと踏まれていて問題はないが、気をつけなければならない要注意箇所がある。九二三m峰から笹峠間と、蛇谷ヶ峰南側で、主稜線が非常に分かりにくく、稜線が急に落ち込んで九〇度曲がっている。視界の悪い日は注意して歩いてほしい。

923m峰付近から蛇谷ヶ峰までの北山稜

また積雪期は登山者はさらに少なくなり、トレースも期待できないので、ラッセルできるだけの体力と読図力が必要になる。

923m峰北面の北山稜

蛇谷ヶ峰南面の稜線と並行する浅い谷

コースタイム

坊村（2：30）武奈ヶ岳（1：10）ツルベ岳（0：30）九二三m峰（0：40）地蔵山（0：40）横谷峠（0：40）須川越（1：10）蛇谷ヶ峰（1：00）猪ノ馬場（0：40）桑野橋

●東山稜（釈迦岳〜岳山）

比良全山縦走といえば、東山稜、南山稜を通して歩くことを指す場合が多い。リトル比良と呼ばれている東山稜は、植林地が少なく雑木林にガレや岩が点在する明るい山稜が続いていて、縦走コースとしては東山稜の方が地味な北山稜より人気がある。

特に釈迦岳からヤケ山までの大下りのダイナミックな眺望の広がりや、岳山から岩阿沙利山のガレや岩場からの眺めが素晴らしく、山容に変化があり、縦走の楽しさが味わえるところである。春のタムシバやオオカメノキから初夏のドウダンツツジやヤマボウシなど、樹に咲く花を楽しみながら歩く季節がおすすめだ。

東山稜は釈迦岳から岳山まで一日で歩けない距離ではないが、寒風峠辺りを中間点として、二回に分けて歩くのが普通の一日のコースとなるだろう。

ヤケオ山山頂からの釈迦岳（左奥）

縦走路中、間違いやすいところといえば嘉嶺ヶ岳と滝山で、どちらも東の琵琶湖側へと延びる尾根に道があるので、間違う人がいるようだ。特に嘉嶺ヶ岳の頂上付近は迷いやすい地形だから注意が必要である。

コースタイム

JR湖西線比良駅（1:00）イン谷口（2:10）釈迦岳（0:30）ヤケオ山（0:45）ヤケ山（0:20）寒風峠（2:00）岩阿沙利山（1:10）鳥越峰（0:40）岳山（1:00）長谷寺（0:20）JR湖西線近江高島駅

鵜川越から岩阿沙利山への縦走路

岩阿沙利山の山頂の西にある仏岩

あとがき

比良の山々は我が家から見れば、琵琶湖を隔てた比叡連峰の北に連なる身近な存在である。冬から早春にかけて、家を出ればすぐ目の前に比良南部の山々が雪を輝かせている。そんな山を見上げ、あの真っ白い雪の稜線を歩いてみたいという思いを抱きながらも、あまり訪れることもなく過ごしてきた。山登りを始めた頃に熱中した沢登りで比良の谷々を登ったのを除くと、この山と正面から向かい合うことが意外と少なかった。こんなにも身近な山なのにと不思議な思いがしている。

今まで琵琶湖を巡る鈴鹿、湖北、湖西から野坂の山々をそれぞれの山塊ごとに集中して歩いているので、手軽に歩けるこの比良とも、もっと向き合ってみたいと思い歩き始めた。そして実際に歩いてみると、身近だと思っていた比良は意外にも〝近くて遠い山〟だと感じた。武奈ヶ岳、蓬萊山、蛇谷ヶ峰など、多くの登山者が訪れる山がある反面、静かな山、知られざるコースが多くあることを、歩いてみて初めて知らされたのだった。

そんな比良をもっと多くの山好きの方々に知ってほしい、歩いてほしいという思いを一書にまとめるというわがままを、ナカニシヤ出版社長　中西健夫氏に聞きいれてもらった。編集担当の林達三氏とともに御礼を申し上げます。

二〇一二年春　　草川　啓三

◎著者紹介
草川　啓三（くさがわ　けいぞう）

1948年　京都市に生まれる。
1968年　山登りを始める。
1975年　京都山の会に入会、現在に至る。
20歳の時、鈴鹿霊仙山へ登ったのがきっかけで登山を始める。
以後、滋賀、京都の山を中心に歩き続ける。

著書　『近江の山』（京都山の会出版局）、『近江の山を歩く』（ナカニシヤ出版）、『鈴鹿の山を歩く』（ナカニシヤ出版）、『芦生の森を歩く』（青山舎）、『近江の峠』（青山舎）、『芦生の森案内』（青山舎）、『巨樹の誘惑』（青山舎）、『山で花と出会う』（青山舎）、『芦生の森に会いにゆく』（青山舎）、『山と高原地図／御在所・霊仙・伊吹』（昭文社）、『近江湖西の山を歩く』（ナカニシヤ出版）、『伊吹山案内——登山と山麓ウオーキング』（ナカニシヤ出版）、『伊吹山自然観察ガイド』共著（山と溪谷社）、『極上の山歩き——関西からの山12ヶ月』（ナカニシヤ出版）、『琵琶湖の北に連なる山——近江東北部の山を歩く』（ナカニシヤ出版）、『湖の山道　琵琶湖を巡る山歩き』（青山舎）
ほか共著多数

住所　〒525-0066　滋賀県草津市矢橋町1475

登る、比良山—比良山系28山・72コース 湖の山道案内—

2012年7月8日　初版第1刷発行　定価はカバーに表示してあります

著　者　草川啓三
発行者　中西健夫
発行所　株式会社ナカニシヤ出版
〒606-8161　京都市左京区一乗寺木ノ本町15番地
電話　075－723－0111
FAX　075－723－0095
振替口座　01030－0－13128
URL　http://www.nakanishiya.co.jp/
E-mail　iihon-ippai@nakanishiya.co.jp

落丁・乱丁本はお取り替えします。ISBN978-4-7795-0670-3　C0025
©Keizo Kusagawa 2012 Printed in Japan
写真　草川啓三／装幀　竹内康之
印刷・製本　ニューカラー写真印刷株式会社

〈好評発売中〉

近江の山を歩く
草川啓三著
2000円
夕暮れの山頂、変幻の谷、峠の廃村、山寺の秋。湖国の山を登り続ける著者が、珠玉の紀行文と趣きあるカラー写真とで50の山を季節を追いながら綴る。

鈴鹿の山を歩く
草川啓三著
2500円
昭文社の地図「鈴鹿山系」の著者が鈴鹿の全貌を語る。内容は「鈴鹿山系全山(約80山)概説」「鈴鹿山系アドヴァンスコース20」「カラー写真で綴るフォト&エッセイ32」「鈴鹿―見る・歩く・聞く」から構成された力作。

伊吹山案内―登山と山麓ウオーキング
草川啓三著
1900円
百名山にも選ばれた花いっぱいの名山・伊吹山。少し視点を変えてみると、「花」以外にもさまざまな魅力が見えてくる。意外に深い伊吹山の全てを紹介。

琵琶湖の北に連なる山―近江東北部の山を歩く
草川啓三著
1800円
歴史に名を残す山々で想いを巡らし、花いっぱいの山やブナの森で自然を満喫し、白銀の屋根では山スキーを楽しむ。多彩な魅力がある山々を紹介。

近江 湖西の山を歩く
草川啓三著
1900円
若狭へと続く歴史あるいくつもの峠道。壮快な気分で山スキーも楽しめる高原状の山々。この巨木の残る山深い山域を、カラー写真と紀行文で案内。

比叡山一〇〇〇年の道を歩く
[付]「東山」の山なみ
竹内康之著
1600円
比叡山の諸堂へ続く古道と峠道には、歴史に裏打ちされた旧跡や文化の名残と豊かな自然がある。比叡山への数々のコースと、京都東山の山なみも紹介。

―ナカニシヤ出版

表示の価格は本体価格です